죽음 이후에는
어떻게 될까?

- 온신학의 구원론 -

김 명 용

온신학출판사

죽음이후에는 어떻게 될까?

-온신학의 구원론-

초판1쇄 | 2024년 05월 10일

저　　자 | 김 명 용
발 행 인 | 김 명 용
발 행 처 | 온신학아카데미
신고번호 | 제 2022-000050호
주　　소 | 05336 서울특별시 강동구 천호대로1057 트레벨 1210호
전　　화 | 010-4304-9410
이 메 일 | brightface52@gmail.com
디 자 인 | 굿모닝 디자인

값 22,000원

ISBN 979-11-980422-1-7

죽음 이후에는
어떻게 될까?

- 온신학의 구원론 -

김 명 용

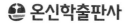
온신학출판사

머리말

『예수 그리스도는 역사이다』(*The Case for Jesus Christ*)라는 책으로 세계에 널리 알려진 리 스트로벨(Lee Strobel)이 미국의 유니온 신학대학교(Union Theological Seminary) 총장인 세린 존스(Serene Jones)에게 우리가 죽으면 어떻게 되느냐고 물었다. 이에 대한 존스 총장의 답변은 "모릅니다! 어쩌면 어떤 것이 있을 수 있고, 아무 것도 없을 수 있습니다"(I don't know! There may be something, there may be nothing)였다.[1]

죽음 이후에는 어떻게 될까? 이 문제는 이 땅에 존재하는 모든 사람들의 매우 중요한 실존적 질문이다. 그러나 이 질문에 대한 답을 찾는 것은 상당히 어렵다. 이 질문에 대한 답을 줄 것으로 우리가 당연히 기대하는 신학 교수나 목사들까지도 모른다고 말하는 사람들이 의외로 많다. 위의 존스 총장의 답변도 이 주제에 대해 답할 수 없는 수많은 신학 교수나 목사들의 입장을 대변하는 것일 것이다. 전통적인 교회의 답변인 죽음에서 영혼과 육체는 분리되고, 신자의 영혼은 천국으로 간다는 답은 학문적 신학 공부를 많이 하게 되면 자신 있게 그러하다고 답하지 못한다. 이유는 인간에

---

1) L. Strobel, *The Case for Heaven* (Grand Rapids: Zondervan, 2021), 4.

게는 육체와 분리될 수 있는 영혼이 없다고 배운 사람들이 많기 때문이다. 천국도 마찬가지이다. 하늘에 있는 천국은 새로운 과학적 세계관의 발전으로 더 이상 믿을 수 없게 되었다. 이원론적 세계관은 옛 시대의 세계관으로 더 이상 유효하지 않다고 상당수의 신학자들은 생각하고 있다. 그러면 천국은 어디 있을까? 역사의 마지막에 유토피아의 세계가 건설되면 그곳에 혹시 천국이 있는 것이 아닐까?

죽음 이후에는 어떻게 될까? 이 문제는 옛날의 전통적인 신앙에 아직도 머물러 있는 사람에게는 답이 쉬울 수 있다. 그러나 오늘의 신학적 정황은 매우 혼란스럽고, 답을 찾는 것이 매우 어렵다. 영혼과 육체가 분리되는 것이 죽음인가에 대한 문제부터 심각하다. 한국 장로교회가 귀중히 여기는 웨스트민스터 신앙고백에는 영혼과 육체의 분리가 죽음이라고 언급되어 있다. 그러나 이제는 이 교리서에 동의하지 못하는 사람들이 매우 많을 것이다. 또한 전통적으로는 예수님을 믿으면 구원받고 천국에 간다고 믿었다. 그러나 최근에 발전된 바울 신학에 대한 새 관점 학파의 신학자들은 이 단순한 믿음에 제동을 걸었다. 예수님을 믿고 구원받고 천국 간다는 단순한 믿음이 심각하게 흔들리게 되었다.

오직 예수 이름으로만 구원받고 천국에 간다고 했을 때 심각한 문제가 등장한다. 예수님을 알지 못하던 시대에 살았던 사람들은 모두 지옥에 갔단 말인가? 석가도 지옥 가고 공자도 지옥 갔단 말인가? 인류의 역사가 시작된 이래 기독교 선교가 전 세계적으로 확장된 오늘에도 세계적으로 볼 때 기독교 신자는 1/3에 불과한데, 인류가 시작된 시기부터 계산하면 압도적인 다수가 예수님을 믿지 않고 세상을 떠났는데, 그 모든 사람들이 모두 지옥에서 영원한 형벌을 받는다는 말인가? 기독교가 주장하는 사랑의 신은 인류의 절대다수를 지옥에 처넣고도 사랑의 신이라는 표현을 쓸 수 있는 것일까? 역사에 존재하는 수많은 선한 사람들은 예수님을 알지 못하던 시대에 살았다는 단 하나의 이유로 모두 영원한 지옥 불에 처해진단 말인가? 만약 그것이 사실이라면 하나님은 사랑의 신이 아닐 뿐만 아니라 정의롭지도 못한 신이 아닐까? 우리는 예외적으로 선택받은 하나님의 백성이기 때문에 천국 가는 것이라는 특별한 선민사상은 십자가에서 만인을 위해 죽으신 예수님의 극단적인 사랑과 과연 일치하는 사상일까?

오늘의 개신교 신학의 대표적 신학자인 몰트만(Jürgen Moltmann)은 1995년에 출간된『오시는 하나님』(*Das Kommen Gottes*)에서 기독교 구원론에 엄청난 파장을 일으킨 폭탄적 선언을 했다. 전통적 기독교의 구원론은 이중심판론이었다. 예수님을 믿는 사람들은 구원을 받지만 예수님을 믿지 않고 죽은 사람들은 심판을 받을 수밖에 없다는 이론이 이중심판론이다. 그런데 몰트만은 이 이중심판론이 오류라고 주장하면서 만유구원론을 주장했다. 이 놀라운 주장을 담은 그의 저서는 매우 큰 의미와 공헌이 있는 저술로 평가되어 그라베마이어(Grawemeyer)상을 수상했다. 몰트만에 의해 등장한 구원론의 새로운 지평은 단순하게 무시할 수 없는 엄청난 무게를 지닌 신학적 지평이었다. 그러면 이중심판론은 잘못되었고 만유구원론이 정말 맞는 것일까? 만약 만유구원론이 맞다면 전도할 필요가 없지 않은가? 한국 교회는 전도하는 교회인데, 한국 교회 사역의 근원이 흔들리게 될 것이다.

가톨릭 교회에서는 1980년 대부터 심각한 신학적 논쟁이 불붙었다. 그 논쟁은 부활이 죽음에서 일어나느냐? 의 문제였다. 로

핑크(Gerhard Lohfink), 그레스하케(Gisbert Greshake), 크래머(Jakob Kremer)와 같은 가톨릭 학자들은 초대교회의 문서들을 깊이 연구한 끝에 천국에 있는 신자들은 영광스런 몸을 가진 존재로 있을 것이라고 결론지었다. 이들에 의하면 몸이 없는 영혼만의 존재는 성경이 언급하는 인간 이해가 아니다. 몸이 없는 영혼만의 존재는 헬라 철학의 가르침이지 성경의 가르침은 아니다. 성경은 영혼의 불멸을 언급하지 않고 죽은 자의 부활을 가르치는 책인데 이 부활은 죽음의 순간에 일어난다.

죽음에서 일어나는 부활 이론은 개신교 신학에도 영향을 미쳐, 몰트만(Jürgen Moltmann) 역시 최근에 출간된 그의 저서 『나는 영생을 믿습니다』(*Auferstanden in das ewige Leben*, 직역, *부활에서 영원한 생명으로*)에서 죽음에서 일어나는 부활 이론이 정당한 신학 이론이라고 밝혔다. 몰트만에 의하면 우리의 부활은 무덤에서 일어나는 것이 아니고 죽음에서 일어난다. 몰트만은 까마득한 미래에 일어날 부활에 대한 소망을 죽음의 순간으로 옮겼다. 그러면 정말 죽음에서 부활이 일어나는 것일까?

『죽음 이후에는 어떻게 될까?』 이 책은 오늘날 전개되고 있는 복잡한 구원론의 문제들을 그 핵심적인 구조들을 살피고 가치를 평가하고 올바른 구원론의 방향을 제시하기 위한 책이다. 제1부, 구원은 오직 은혜(sola gratia), 오직 믿음(sola fide)으로 얻는 것인가? 에는 '예수님을 믿고 구원 받으세요!' 라는 단순한 교회의 전도가 신학적으로 정당하다는 것을 밝히는 장이다. 제1장은 오늘날 큰 도전으로 등장한 바울 신학에 대한 새 관점 학파의 주장이 오류임을 밝히는 장이다. 구원의 확신을 흔드는 바울 신학에 대한 새 관점 학파의 주장은 오직 은혜, 오직 믿음의 교리를 흔드는 매우 위험한 이론이다. 제2장은 구원이 하나님의 예정에 근거한다는 전통적인 주장이 오늘에도 유효할 수 있는지를 밝히는 장이다. 특히 1942년 칼 바르트(Karl Barth)가 그의 유명한 책 『교회교의학』 II/2 (*Kirchliche Dogmatkik II/2*)에서 장엄한 예정론을 전개하면서, 새롭게 복음적으로 변화된 예정론의 내용이 무엇인지를 밝히고, 이어서 몰트만에 의해 다시 새롭게 전개된 예정론의 새 관점이 무엇인지를 밝히는 장이다. 이 바르트와 몰트만에 의해 새롭게 정립된 예정론에 대한 새 관점을 이해하게 되면 예정론에 대한 오해가 풀릴 것이고, 예정론이 우리의 구원을 위한 얼마나 감격적인 이론인지를 알게 될 것이다.

　제2부 죽음 이후에는 어떻게 될까? 에는 많은 사람들이 정말로 궁금하고 알고 싶은 죽음 이후에 무엇이 일어나는지를 다루는 장이다. 제3장은 영혼과 육체의 분리가 죽음이라는 전통적인 주장이 정당함을 밝히는 장이다. 한때 이 관점은 자연과학의 발전과 인간에 대한 일원론적 사상이 휩쓸면서 위기에 빠졌지만, 오늘의 양자역학, 오늘의 뇌과학, 그리고 최근에 급격히 학문적으로 발전되고 있는 임사체험(Near Death Experience)에 대한 연구 등이 성경이 언급하고 있는 이원론적 인간 이해와 공명하고 있음을 밝히는 장이다. 제4장은 죽음에서 부활이 일어난다는 최근의 가톨릭과 개신교 신학자들의 주장의 핵심 내용들이 무엇이며 그것들이 초대교회의 문헌적 증거들을 갖고 있는지를 밝히는 장이다. 그리고 만일 죽음에서 부활이 일어난다면 역사의 마지막에 일어나는 부활과 어떻게 조화를 이룰 수 있는지를 밝히는 장이다.

　제3부는 그라베마이어 상을 수상한 몰트만의 『오시는 하나님』에 등장한 만유구원론의 충격과 이에 대한 평가를 다루는 장

이다. 제5장은 우선 몰트만이 전개한 만유구원론이 어떤 이론인지를 상세하게 다루는 장이다. 그리고 이 이론의 신학적 장점과 문제점을 다루고 있다. 제6장은 오늘날 복잡하게 전개된 구원론의 내용을 전체적으로 정리하면서, 각 이론들의 긍정적인 차원과 오류들을 밝히고, 21세기 구원론의 발전을 위해서 함께 토론해야 할 중요한 관점들을 제시하는 장이다. 제6장의 구원론의 새로운 토론을 위해서는 개신교 신학의 한계를 넘어가야 하는 쉽지 않은 문제가 존재한다. 그러나 그것이 갖는 중요한 장점들도 있기 때문에, 21세기 구원론의 발전을 위한 중요한 신학적 토론의 주제와 내용이라고 생각하면 좋을 것이다.

『죽음 이후에는 어떻게 될까?』 이 책의 내용은 일부는 그동안 발표된 글들('바르트의 예정론'과 '몰트만의 만유구원론' 및 '부활은 언제 일어나는 것인가?')을 새롭게 하나의 주제로 엮은 것이다. 그런데 이것들을 새롭게 엮게 된 핵심 계기는 최근 2차례(2019, 2023) 온신학 여름 학술대회의 강연을 준비하면서 전체를 엮을 수 있는 신학적 시각을 발전시켰기 때문이다. 제1장 '오직 은혜(sola gratia)로 구원을 얻는 것일까? 행위가 필요할까?', 제3장 '영혼과 육체의 분리가 죽음일까?', 제6장 '오늘의 구원론의 새 지평들에 대한 신학적 토론과 평가'는 모두 최근의 온신학 여름 학술대회에서 발표한 내용들이고, 그 내용들을 다시 수정 발전시킨 것들이다.

죽음 이후에는 어떻게 될까? 이 책에서 얘기하고자 하는 핵심은 우리는 오직 은혜로, 오직 믿음으로 구원에 이른다는 것이다. 그리고 신자들은 천국에 이를 것이고, 하늘의 영광스런 몸을 갖게 될 것이라는 것이다. 인간에게는 영혼이 있고, 이 영혼은 하나님의 은혜로 천국에 이를 것이고, 천국에서 하늘의 몸을 덧입는 기쁨을 누릴 것이다(고후5:1-4). 그리고 인간의 운명과 미래는 복음을 믿음으로 받아들이느냐가 결정적으로 중요하다는 것을 언급하는 것이 이 책의 핵심이다.

모든 교회들은 복음을 땅 끝까지 전파하는 일에 힘써야 한다!

2024. 3월
서울 강동구 온신학 아카데미 사무실에서
김 명 용

목 차

제 **1** 부

구원은
오직 은혜(sola gratia),
오직 믿음(sola fide)으로
얻는 것일까?

제 1 장

구원은
오직 은혜(sola gratia),
오직 믿음(sola fide)으로
얻는 것일까? 행위가 필요할까?

서 언

16세기의 종교개혁은 세계 역사에 있어서 엄청난 사건이었다. 그런데 세계 역사의 이 엄청난 사건의 중심에는 가톨릭의 구원론을 거부한 종교개혁자들의 새로운 구원론이 있었다. 오직 은혜(sola gratia), 오직 믿음(sola fide)으로 상징되는 종교개혁자들의 구원론은 새로운 교회인 개신교회를 탄생시킨 근원이었고, 이 개신교회의 탄생과 더불어 수많은 개신교 국가들도 탄생했다. 개신교회를 자유의 종교라고 지칭하는 뿌리도 바로 이 종교개혁자들의 오직 은혜, 오직 믿음으로 상징되는 구원론이었다. 이 종교개혁자들의 구원론은 긴 세월 동안 개신교회를 상징하는 개념이었고, 이 구원론은 20세기에는 바르트(K. Barth)와 불트만(R. Bultmann) 같은 20세기를 대표하는 개신교 신학자들에 의해 계승되었다. 그런데 근래에 와서 이 구원론에 대한 심각한 도전이 나타났다. 바울신학에 대한 새 관점 학파가 등장하면서 세계 신학계는 구원론에 심각한 혼란이 야기되었고, 이 신학계의 혼란은 점차 교회로 확장되어 가고 있다. 이 글은 이 바울신학에 대한 새 관점 학파의 신학이론을 평가하고, 온전한 구원론을 확립하기 위한 글이다. 최근에는 새 관점을 넘어서는 더 새로운 관점(newer perspective)이 등장했는데[2] 이 더 새로운 관점도 함께 평가하면서, 온전한 구원론이 어떤 것인지 찾아갈 것이다.

---

2) 대표적 인물은 John M. G. Barclay이다. 특별히 그의 책 *Paul and the Gift* (2015)가 중요하다. 이 책은 송일이 한국어로 『바울과 선물』 (2019) 이라는 제목으로 번역했다.

I. 오직 은혜(sola gratia), 오직 믿음(sola fide)의 교리에 대한 오늘의 신학적 도전

종교개혁 시대의 표어인 오직 그리스도, 오직 은혜, 오직 믿음은 최근에 와서 심각한 도전을 받고 있다. 이 도전의 중심에는 영국과 미국에서 주로 발전된 바울신학에 대한 새 관점 학파의 영향이 자리 잡고 있다. 이 새 관점 학파는 샌더스(E. P. Sanders), 던(J. D. G. Dunn), 라이트(N. T. Wright) 같은 저명한 학자들에 의해 대표되는 신학이다.[3] 이 바울신학에 대한 새 관점 학파는 오직 그리스도의 은혜로, 오직 믿음으로 구원받는다는 루터(M. Luther)의 가르침에 강력하게 도전했다. 새 관점 학파에 의하면 하나님의 백성의 시작은 오직 은혜로 시작된다. 이스라엘 백성이 하나님의 백성으로 선택된 것은 그들이 다른 민족보다 나은 백성이었기 때문이 아니다. 또한, 그들에게 선택받을 만 한 의가 있었기 때문도 아니다. 그들이 하나님의 백성이 된 것은 오직 하나님의 은혜였다. 그런데 그들이 하나님의 은혜를 받은 계약의 백성으로 계속 남아 있으려면 계약을 지키는 행위는 반드시 있어야 한다. 계약을 지키는 행위가 없으면 계약의 백성으로 계속 남아 있을 수 없다. 이 말의 뜻은 오직 은혜로 계약의 백성이 되었다 할지라도 계약의 백성으로 계속 존재하기 위해서는 계약 안에 있는 행위를 반드시 행해야 한

---

3) 새 관점이라는 표현은 샌더스의 유대교에 대한 재해석을 근거로 라이트와 던이 1980년을 전후하여 "바울신학에 대한 새 관점"(new perspective on Paul)이라는 용어를 사용하면서 세계화되었다.

다는 뜻이다.

새 관점 학파는 계약적 율법주의(covenantal nomism)라는 표어 속에 그들의 주장의 핵심이 녹아 있다. 계약적 율법주의란 칭의(justification)는 오직 하나님의 은혜로 이루어지지만, 최종 구원에 이르는 길은 계약을 지키는 행위와 깊이 관련되어 있다는 의미이다. 한국에서의 구원파가 예수님을 믿기만 하면 모든 죄에서 해방되고 구원을 얻었다고 주장하는 것과 같은 싸구려 구원론 같은 것을 거부하는 개념이다. 루터의 칭의론에서 시작되는 개신교의 구원론에는 하나님의 은혜가 값싼 은혜로 전락할 위험이 있다. 새 관점 학파에 의하면 누구도 구원을 이루었다고 확신할 수 없다. 사도 바울의 말씀대로 우리는 푯대를 향해 끊임없이 뛰어가는 사람들이다. 우리는 끊임없이 구원에서 떨어져 나갈까 두려워하며 조심해야 한다. 하나님의 백성이 되는 칭의의 사건은 오직 은혜로 이루어지지만 모든 것이 오직 은혜가 아니다. 오직 은혜, 오직 믿음을 가르친 루터의 가르침은 잘못된 것이다.

던이나 라이트에 의하면 율법을 반대한 바울의 반대는 율법 자체를 반대한 것이 아니다. 예수 그리스도는 율법의 완성이기 때문에 율법 폐기론자들은 바울을 잘못 이해한 것이다. 이는 마태복음이 증언하는 예수님의 말씀 속에도 분명히 나타난다. 예수께서 오신 것은 율법을 폐하시러 오신 것이 아니고 율법을 완성시키기 위해 오신 것이다. 이들에 의하면 바울의 글들을 역사적 맥락을 떠난 초시간적 상황에서 이해하면 안 된다. 당시의 역사적 정황 속에서 바울의 글들을 읽을 때, 바울이 말하고자 하는 말의 참뜻을 이해하게 된다.[4] 바울 시대의 가장 큰 문제는 할례나 안식일법, 정결법 같은 유대 율법이 규정하는 법을 이방인들이 지켜야 하느냐의 문제였다. 할례나 안식일법, 정결법 같은 규례를 지키는 것은 유대인들이 자신들이 선민이라는 것을 나타내는 표증이었다. 유대인들은 이 법을 지키는 것을 선민으로서의 자신들의 자랑이라고 믿었고, 또한 이 법을 지키는 삶 속에 하나님의 은혜가 임한다고 믿고 있었다. 던이나 라이트에 의하면 바울이 반대한 율법은 바로 이와 같은 율법의 규례를 이방인들이 지킬 필요가 없다는 뜻이었다. 바울이 무엇을 반대했는지 역사적 맥락을 떠나서 바울이 율법 자체를 반대했다고 오해하면 안 된다는 것이 던과 라이트의 기본적 관점이다. 이 오해는 이미 종교개혁자 루터에게서 나타났고, 루터에 의존하는 개신교 신학의 구원론이 이와 같은 잘못된 관점을 계승한 구원론이다. 개신교 구원론이 이와 같은 잘못된 구원론을 계승했기 때문에, 값싼 은혜가 야기할 수 있는 윤리와 실천에 있어서 심각한 문제가 생겨나는 대혼란이 일어났다는 것이 이들의 주장이다.

　　새 관점 학파의 신학자들에 의하면 유대교는 율법주의 종교가

---

4) 던(J. D. G. Dunn)에 의하면 "종교개혁에 기반한 주해와 관련하여 보다 더 중요한 결론은, '율법의 행위들'이 통상적 의미로나 루터의 후예들에 의해 폄훼 당했던 의미로나 인간 자신의 성취의 의미에서나, '피조물이라는 신분을 망각한 채 자신의 실존(existence)의 안녕을 인간 스스로의 힘으로 추구함'(불트만의 유명한 정의를 인용하자면)이라는 의미가 아니라는 것이다. 사실 갈라디아서 2:16의 '율법의 행위들'이라는 표현은 상당히 제한적 의미를 지녔다." J. D. G. Dunn, *The New Perspective on Paul*, 김선용 역, 『바울에 관한 새 관점』(서울: 감은사, 2018), 56-57. 이 제한적 의미는 율법의 규정들(할례, 음식 규정, 안식일 규정, 정결법 등)과 관련되어 있고 이스라엘만 하나님의 은혜의 대상이라는 민족주의와 관련되어 있다. 던에 의하면 "1세기 유대인이 믿음에 의한 칭의(justification by faith)를 거부했을 것이라는 주장은, 한때 당연한 것처럼 보였으나 이제 더 이상 옳다고 말하기 어렵다"(위의 책, 58).

아니다. 개신교가 끊임없이 유대교를 율법주의 종교로 격하시키고 비아냥거렸는데 이는 유대교에 대한 심각한 오해에서 비롯된 것이다. 이 오해가 유대인 박해로 나타났고 홀로코스트의 역사적 비극도 이 오해와 무관한 사건이 아니었다. 새 관점 학파의 신학자들에 의하면 이 오해를 극복하는 기념비적인 저술이 샌더스의 『바울과 팔레스타인 유대교』(*Paul and Palestinian Judaism*, 1977)라는 저서이다.[5] 샌더스의 이 책은 유대교에 대한 오해를 극복하도록 만드는 위대한 저술이다. 새 관점 학파의 신학자들에 의하면 오늘도 유대교를 율법주의 종교로 오해하는 사람들은 반드시 이 책을 읽어야 한다. 이 책을 읽지 않고 유대교가 율법주의 종교라는 무식한 말을 해서는 결코 안 된다.

샌더스에 의하면 유대교는 율법주의 종교가 아니고 은혜의 종교이다. 샌더스는 제2성전기의 유대교 문서를 철저히 분석한 이후 유대교는 결코 율법주의 종교가 아니고 은혜의 종교라는 결론을 내렸다. 제2성전기는 유대인들이 바벨론 포로 생활에서 고향으로 귀환한 이후, 성전을 재건한 때부터 예수님과 바울의 시대까지의 기간을 의미한다. 제2성전기의 문서들이 중요한 이유는 예수님과 바울을 바르게 이해하기 위해서 중요한 역할을 하기 때문이다. 샌더스는 이 시기의 문서들을 매우 광범위하게 연구했고, 몇 개의 문서들만 연구하고 유대교를 잘못 평가한 과거의 학자들을 하나하나 비판한 후(대표적 비판의 대상은 불트만과 그의 학파의 신학자들이었다), 유대교를 율법주의 종교라고 결론 내린 학자들의 결론은 심각한 오류이고 유대교는 계약적 율법주의의 특징을 갖고 있는 은

---

5) 이 책은 2017년 박규태가 번역해서 『바울과 팔레스타인 유대교』라는 제목으로 알맹e 출판사에 의해 한국어로 번역되어 출판되었다.

혜의 종교라고 결론지었다. 샌더스가 유대교는 계약적 율법주의의 특징을 갖고 있는 은혜의 종교라는 결론을 내린 이후 던이나 라이트와 같은 새 관점 학파의 신학자들은 이 샌더스의 결론을 이어받아 유대교를 계약적 율법주의로 규정하고 이 규정 위에서 바울의 신학을 분석했고, 루터와는 완전히 다른 새로운 바울 해석을 발표했다. 이 새로운 바울 해석이 바울에 대한 새 관점 학파의 이론이다.

Ⅱ. 계약적 율법주의 (covenantal nomism)란 무엇인가?

그러면 계약적 율법주의란 무엇일까? 샌더스에 의하면 아브라함의 선택이나 출애굽의 역사에서 나타난 이스라엘의 선택은 전적으로 하나님의 은혜에 기인한다. 유대교의 출발은 먼저 다가오시고 선택하신 하나님의 은혜이다. 신약의 칭의의 사건과 유사한 것이 아브라함의 선택이고 이스라엘의 선택이다. 그런데 계약적 율법주의에 의하면 이스라엘의 선택이라는 이 은혜의 사건 이후 이스라엘은 하나님의 계속적 은혜 가운데 머물기 위해서는 하나님과 맺은 계약을 지켜야 했다. 계약을 지키는 일은 하나님의 은혜 가운데 계속적으로 머물기 위해 필요한 조건이었다. 계약적 율법주의란 말의 뜻은 이 계약을 지켜야 한다는 의미이다. 그런데 하나님의 백성들이 이 계약을 지키지 못한 경우가 많았다. 그러면 어떻게 될까? 유대교가 은혜의 종교인 이유는 이 경우에도 하나님께서는 그들의 죄를 용서하기 위한 속죄의 길을 마련하신 것이다. 계약을 어긴 하나님의 백성은 자신의 죄를 참회하고 속죄를 해야 한다. 참회는 속죄를 위한 전제이다. 속죄를 받은 하나님의 백성은 이제는 계약을 참으로 바르게 지키기 위해 노력해야 한다. 계속적인 계약의 불이행은 하나님의 백성의 공동체에서 추방될 가능성이 있다. 물론 역사적 이스라엘은 하나님의 은혜에도 불구하고 계속적인 계약의 불이행의 죄악 속에 있었다. 그런데 이 계속적 불이행의 죄악 속에 있는 자들이 많이 있어도 소수의 남은 자들은 있었다. 샌더스에 의하면 이스라엘의 죄악에도 불구하고 하나님께서는 이스라엘을 기억하시고 궁극적으로는 그들을 구원하리라는 것을 가르치는 제2성전기의 문헌들이 존재한다. 이 문헌들은 이스라엘의 죄악에도 불구하고 하나님은 은혜로우시다는 것을 잘 나타내준다. 율법은 거룩하고 반드시 지켜져야 한다. 계속적인 계약의 불이행은 비극의 원인이지만 하나님은 속죄의 길을 마련하시고, 이스라엘에 대한 하나님의 사랑은 계속된다. 이것이 계약적 율법주의의 핵심 내용이다.

던이나 라이트에 의하면 바울신학은 이 계약적 율법주의의 관점에서 가장 잘 이해된다.[6] 바울은 유대인이었고 이 계약적 율법주의에 대해 깊이 알고 있었다. 바울이 발견한 새로운 것은 유대 민족주의가 예수 그리스도로 말미암아 끝나고 보편적 구원의 시대가

---

6) 던에 의하면 "계약적 율법주의를 제한하는 유일한 조건은 그리스도에 대한 믿음(faith in Christ)이다. 그러나 이때에도 계약적 율법주의 자체는 도전받거나 의문시되지 않았다"(위의 책, 60). "바울이 거부한 것은 행위를 강조하는 신념(activism)이 아니라 민족주의(nationalism)이었다"(위의 책, 68).

열렸다는 점이었다. 즉 육신의 아브라함의 자녀가 참 아브라함의 자녀가 아니고 예수를 믿는 새로운 아브라함의 자녀가 시작되었다는 점이었다. 누구든지 예수를 믿으면 이스라엘의 역사에 접붙임을 받을 수 있게 되었다는 것이 바울의 복음의 새로움이었다. 던이 보기에 바울이 의도한 것은 "그리스도께서 오심으로서 하나님이 세우신 계약의 목표가 하나님께서 의도하신 최종단계에 다다랐다는 사실"이다.[7] "계약은 더 이상 민족주의적이거나 종족주의 관점으로 이해되어서는 안 된다. 계약은 ... 유대인들만의 특권이 아니다. 그렇다고 계약이 폐기된 것은 아니다. 오히려 계약은 하나님이 원래 의도하셨던 것만큼 확장되었다."[8] 예수를 믿으면 누구나 하나님의 백성이 되고 약속의 자녀가 된다는 것이 던이나 라이트 등의 새 관점 학파가 주장하는 바울의 새로움이다. 이들에 의하면 바울은 계약적 율법주의를 파기한 것이 아니다.[9] 루터에서 시작된 개신교의 구원론은 유대주의를 율법주의로 규정하고 율법에 대한 온갖 부정적인 표현을 쏟아 내었는데 이는 큰 오류이다. 바울은 율법을 파기하거나 가치 절하한 사람이 아니다. 바울은 예수 그리스도로 말미암아 유대인과 이방인들이 모두 하나님의 은혜의 백성이 되게 되었다는 것을 전한 사람이었고, 유대인들의 특수성이라고 할수 있는 할례나 안식일법, 정결법 등은 이제 폐기되었고 이방인들에게 강요할 필요가 없다는 것을 언급한 사람이었지, 유대교의 본

---

7) J. D. G. Dunn, 『바울에 관한 새 관점』, 68.

8) 위의 책, 65.

9) 던은 다음과 같이 언급했다. 바울은 유대교를 오해하지 않았다. "유대교 학자들은 바울이 유대교를 오해했다고 비판했는데 이는 그 자체로 종교개혁이라는 색안경을 끼고 바울을 해석한, 곧 개신교의 표준적인 바울 읽기(오독)에 근거한 것이다." (위의 책, 75).

질인 계약적 율법주의를 파기한 사람은 아니었다. 던이나 라이트가 볼 때 오히려 바울의 가르침은 유대주의의 계약적 율법주의의 관점에서 바르게 해석될 수 있는 가르침이다.

이와 같은 새 관점 학파의 이론은 상당 기간 큰 영향을 미쳤다. 그러나 그 영향만큼 반대도 만만치 않았다. 최근에 와서는 새 관점을 수정하는 더 새로운 관점(newer perspective)이 등장했다. 이 더 새로운 관점의 대표자인 바클레이는 새 관점의 약점을 두 가지로 언급했다. 첫째는 유대교를 은혜의 종교로 규정한 샌더스에 대한 비판이었다. 바클레이는 유대교를 일방적으로 율법주의라고 규정한 과거의 규정에도 오류가 있었지만, 유대교를 은혜의 종교로 규정한 샌더스의 주장 역시 오류가 있다는 것이었다. 바클레이에 의하면 제2성전기 문서를 자세히 연구해 보면 율법주의의 특징을 갖는 문헌들과 은혜의 종교의 특징을 갖는 문헌들이 혼재하고 있다는 것이다. 문헌 개개의 특징과 다양성을 언급하지 않고 이 문헌들이 유대교가 은혜의 종교라는 것을 나타낸다고 결론 내리는 것은 잘못이라는 비판이다.[10] 이 바클레이의 주장은 매우 정당하다. 제2성전기의 문헌들은 매우 다양성을 나타내고 있기 때문에 하나로 몰아서 유대교가 은혜의 종교라고 하는 것은 엄밀성이 결여된 평가라고 할 수 있다.

바클레이의 또 하나의 중요한 비판은 바울의 율법에 대한 비판이 할례나 안식일법 및 정결법에 대한 비판에 머물고 있는 것은 아니라는 비판이다. 또한, 바울의 새로움이 단지 구원의 보편주의

---

10) J. M. G. Barclay, *Paul and the Gift*, 송일 역, 『바울과 선물』 (서울: 새물결플러스, 2019), 542-546.

에 머물러 있지 않다는 것이 그의 비판이다.[11] 바클레이에 의하면 바울의 비판은 율법 자체를 향하고 있는데, 즉 그리스도를 통한 율법 밖에서 나타난 하나님의 놀랍고도 상응하는 조건이 필요 없는 구원이라는 것이다. 구원이 율법 밖에서 나타나고 있다는 것을 애기하는 것이 바울의 가르침이라는 이 바클레이의 비판은 계약적 율법주의에 근거한 바울에 대한 새 관점 학파의 기본적 전제를 허무는 것으로 매우 가치 있는 비판이다.

　바울에 대한 새 관점 학파의 이론의 출발점이 된, 또한 계약적 율법주의라는 표현을 정착시킨 샌더스는 바울의 관점은 율법의 무능을 주장하는 것인데 이는 유대주의의 기본적 정신과 충돌한다고 바울을 비판했다. 여기서 우리가 유념해야 하는 것은 새 관점 학파에 속하는 학자들 가운데 샌더스와 그 이후의 던과 라이트를 구별해야 하는 점이다. 샌더스는 유대 랍비에게서 유대교를 공부한 학자로 바울에 대한 특별한 존경심이 없는 사람이었다. 그는 종교학적으로 유대교와 바울의 종교를 연구한 학자였고, 바울을 유대교와 상당히 다른 특이한 주장을 하는 사람으로 파악했다. 샌더스에 의하면 율법에 대한 유대주의의 관점과 바울의 관점은 매우 다르다. 율법의 무능에 대한 가르침은 유대주의에 없다. 그러나 바울은 율법의 무능을 언급하고, 율법 밖에 있는 다른 의를 언급하는 사람이다. 샌더스에 의하면 계약적 율법주의는 유대주의의 특

---

11) 바클레이는 다음과 같이 언급했다. "바울이 이방인 선교를 행할 때 갖고 있는 근본 방침은 '민족주의'를 거부하는 것이 아니다. 바울의 이방인 선교는 그리스도의 비상응적 선물이 가져온 충격적인 결과다" (위의 책, 612-613.).

징을 나타내는 것이지 바울신학의 특징은 아니다.[12] 샌더스는 바울의 종교와 계약적 율법주의를 주장하는 유대교 가운데 어떤 것이 더 나은 종교인지에 대한 평가는 하지 않았다. 그의 의도는 바울의 종교에 대한 존경을 없애고, 유대교에 대한 멸시를 없애고, 객관적으로 두 종교를 관찰하는 것이있다.

Ⅲ. 계약적 율법주의는 바른 구원론의 바탕이 되는 이론일까?

샌더스 이후의 새 관점 학파의 학자들은 유대교의 계약적 율법주의를 바울신학에 적용했다. 이는 출발점에 큰 문제가 있다는 것을 나타내는데, 계약적 율법주의를 정착시킨 샌더스는 바울의 사상이 계약적 율법주의가 아니라고 보았음에도 불구하고 그 이후의 신학자들이 계약적 율법주의의 관점에서 바울신학을 해석했고, 이 해석에 기초해서 바울신학에 대한 새 관점 이론을 발전시켰고, 루터에서부터 시작된 개신교의 구원론에 치명적 손상을 입혔다. 계약적 율법주의가 바울의 가르침의 내용이 틀림없다면 루터의 종교

---

12) 던은 샌더스가 바울이 율법을 거부한 것으로 이해했다는 것을 정확히 알고 있었다. "샌더스는 인간이 율법을 지키는 것으로는(following the law) '그리스도 안에' 있을 수 없다는 단순한 이유로 바울이 율법을 거부했다고 주장했다"(J. D. G. Dunn, 『바울에 대한 새 관점』, 34.). 던은 이와 같은 샌더스의 바울 해석이 잘못되었다고 보았지만, 필자의 견해로는 샌더스는 바울을 바르게 이해했고 던이 반대로 잘못 해석했다. 샌더스가 그리스도에 대한 믿음을 유대적 유산과 매우 날카로운 흑백논리로 정반대인 것으로 취급한 것에 대한 던의 비판(위의 책, 38) 역시 잘못되었다.

개혁은 처음부터 잘못된 것이다. 왜냐하면, 계약적 율법주의는 가톨릭의 구원론에 근접하는 이론이기 때문이다.

바울의 가르침이 과연 새 관점 학파에서 언급하는 계약적 율법주의의 관점일까? 샌더스는 바울의 관점을 정확히 파악했고, 더 새 관점 학파(newer perspective)의 바클레이(J. M. G. Barclay) 역시 바울의 관점을 정확히 파악했다. 샌더스나 바클레이의 관점은 오히려 옛 관점과 유사하다. 바울은 율법의 무능을 언급했고 율법을 행할 수 없는 인간의 곤경을 얘기했다. 죽음의 힘에 사로잡혀 있는 인간은 결코 율법의 요구를 행할 수 없다. 율법의 무능에 대한 이해는 바울신학을 이해하는 매우 중요한 핵심이다. 이는 복음서의 예수님의 가르침을 이해하는데도 매우 중요하다. 부자 청년과 예수님의 대화는 율법의 무능과 관련해서 이해되는 매우 중요한 대화이다. 무엇을 하여야 영생을 얻을 수 있느냐에 대한 부자의 질문은 율법의 행함과 구원에 대한 질문이었다. 이에 대한 예수님의 답은 모든 재산을 가난한 사람에게 나누어 주라는 답이었다. 이것이 가능한 일일까? 낙타가 바늘귀를 통과할 수 없는 것과 마찬가지로 율법을 통한 구원의 길은 없다. 그러면 누가 구원을 얻을 수 있단 말인가? 이 질문에 대한 예수님의 답은 "사람으로는 할 수 없으되 하나님으로는 그렇지 아니하니 하나님으로서는 다 하실 수 있느니라"(막10:27)라는 답이었다. 구원은 하나님으로부터 오고, 하나님의 능력과 은혜가 모든 것을 변화시킨다.

예수님의 가르침이나 바울의 가르침은 새 관점 학파의 계약적 율법주의의 틀로서는 이해되지 않는다. 오히려 계약적 율법주의의 틀이 붕괴되는 그곳에 예수님의 복음과 바울의 복음이 시작된다. 구원은 하늘로부터 오고 예수님으로부터 온다. 율법도 무능하고 인간도 무능하다. 우리는 율법주의가 역사의 예수님의 최대의 적이었다는 점을 유념해야 한다. 바리새인과 서기관 율법학자들은 회칠한 무덤이고 독사의 자식들이다. 왜 그들이 회칠한 무덤이고 독사의 자식들일까? 그들은 율법을 지킨다고 자랑하고 있지만 그들의 가슴은 죄로 가득 차 있기 때문이었다. 율법은 위식하는 자를 만들고 남을 정죄하는 자를 만들지만 참으로 이웃과 하나님을 사랑하는 자를 만들지 못한다. 왜냐하면 율법 자체가 무능하고, 인간 역시 무능하기 때문이다. 무능한 인간이 율법을 지키고, 의를 행한다고 자랑할 수는 있지만 그 자랑은 거짓이고, 자랑 뒤에는 썩는 냄새가 진동하는 악취 덩어리일 뿐이다. "너희 의가 서기관과 바리새인 보다 더 낫지 못하면 결코 천국에 들어가지 못하리라"(마 5:20)는 예수님의 말씀은 서기관이나 바리새인 보다 더 철저히 율법을 지켜야 한다는 말씀이 아니다. 서기관과 바리새인의 의는 악취나는 냄새 덩어리일 뿐이다. 예수님께서 말씀하시는 의는 새로운 의이다. 그것은 하나님 나라의 새 생명이 탄생하면서 만들어지기 시작한 의이다. "좋은 나무마다 아름다운 열매를 맺고 못된 나무가 나쁜 열매를 맺나니 좋은 나무가 나쁜 열매를 맺을 수 없고 못된 나무가 아름다운 열매를 맺을 수 없느니라"(마7:17-18). "나는 포도나무요 너희는 가지니 저가 내 안에, 내가 저 안에 있으면 이 사람은 과실을 많이 맺나니 나를 떠나서는 너희가 아무것도 할 수 없음이라"(요15:5) 이 새로운 의는 가슴에서부터 이웃을 사랑하고 하나님을 사랑하는 의이다. 그런데 이 가슴에서부터 시작되는 새로운 의는 율법에서 탄생하는 의가 아니다. 그것은 예수님으로부터 생명의 양식을 공급받으면서 자라기 시작하는 새로운 의이다.

역사의 예수님께서는 주여 주여 하면서 위선을 부리는 서기관과 바리새인과 율법학자들을 매우 싫어하셨다. "나더러 주여 주여 하는 자마다 다 천국에 들어갈 것이 아니요, 다만 하늘에 계신 내 아버지의 뜻대로 행하는 자라야 들어가리라"(마7:21)는 말씀도 같은 정황 속에서 이해되는 말씀이다. "나더러 주여 주여"라는 표현은 마태 공동체의 정황으로 보인다. 왜냐하면 역사의 예수님을 부를 때는 랍비여와 같은 표현을 썼지 주라는 표현을 쓴 것으로 보이지 않기 때문이다. 이 마7:21은 서기관이나 바리새인 율법학자를 비판하신 말씀으로 보인다. 하나님을 주여 주여 부르면서 가슴에 사랑과 자비는 전혀 없는 독사의 자식들인 서기관과 바리새인 율법학자들은 천국에 들어갈 수 없다. 마7:21이 율법주의자들에 의해 많이 인용되는 것은 예수님의 의도와는 정반대로 인용되는 것일 것이다. 예수님의 의도는 예수님 자신으로부터 시작되는 새로운 하나님 나라의 질서이다. 그것은 서기관 바리새인 율법학자로 대표되는 옛 율법의 세계가 아니다. 새 포도주는 새 부대에 넣어야 하고 (눅5:28),[13] 하나님의 뜻을 참으로 행하는 사람들은 예수님께서 열어 놓으신 하나님 나라에 들어온 사람들이다. 하나님의 넓고 크신 자비하심을 배우고, 그 자비하심에 의해 용서받은 사람들은 가슴에서부터 하나님을 사랑하고 이웃을 사랑하게 된다. 이 새로운 인

---

13) 한나 볼프(Hanna Wolff)는 끊임없이 시도되어 온 신약과 구약을 조화시키려는 시도 때문에 기독교의 새로운 정체성이 크게 훼손되었다고 개탄했다. 그 결과 예수 그리스도의 아버지 "아바"(Abba)가 전쟁과 폭력 및 심판의 신의 모습에서 벗어나지 못하고 있다. 볼프에 의하면 기독교가 아직도 유대교의 그늘에서 벗어나지 못하고 있는 것은 기독교의 실존적 문제이자 비극이고 죄책이다. 이와 같은 볼프의 관점은 새 관점 학파의 시도와는 반대되는 관점이다. 프란츠 알트(Franz Alt)는 『예수께서 참으로 무엇을 말씀하셨는가?』라는 책에서 위의 볼프의 말을 언급하면서 새 포도주는 새 부대에 넣어야 한다는 예수님의 말씀 속에 나타나는 새로움(Das Neue)에 주목해야 한다고 강조했다. F. Alt, *Was Jesus wirklich gesagt hat?* (Gütersloh: Gütersloher Verlaghaus, 2015), 154-155.

간의 출생은 율법이라는 옛 뿌리에서 출생하는 것이 아니고 예수님을 통해 새롭게 출생한 사람들이다.

일곱 번씩 일흔 번이라도 용서하라는 예수님의 말씀은 율법주의의 틀을 완전히 넘어서는 말씀이다. 이 말씀은 예수 그리스도의 십자가를 떠나서는 결코 이해될 수 없는 말씀이다. 무한한 용서는 율법에서 생겨나는 의가 아니다. 그것은 복음을 알고 믿었을 때 비로소 생겨나는 의이다. 복음에서 생겨나는 의는 율법에서 만들어지는 의와는 근본적으로 다르다. 예수님께서 말씀하신 서기관 보다 더 나은 의는 복음에서 오는 의이고 하나님 나라로부터 오는 의이다. 그것은 세상에서 경험하는 도덕적 의와는 전적으로 다른 의이다. 원수사랑의 교훈은 율법주의의 틀을 철저히 파괴하는 가르침이다. "너희 아버지의 자비로우심 같이 너희도 자비로운 자가 되라"(눅6:36)는 말씀은 원수사랑을 포함한 넓고 크신 자비를 가르치신 말씀이다. 우리는 예수님의 십자가에서 일곱 번씩 일흔 번을 용서하시고, 지금도 용서하시는 하나님을 경험한다. 하나님의 자비는 우리가 신앙생활을 시작할 때만 경험하는 자비가 아니다. 새 관점 학파의 계약적 율법주의는 처음 시작할 때 우리가 하나님의 은혜를 경험하지만 그 다음에는 율법을 지키는 율법주의의 삶을 요구하는 이론이다. 하나님의 무조건적인 은혜는 신앙생활을 시작할 때만 있는 것이 아니다. 그것은 칭의의 순간부터 마지막 날 최후의 심판의 날까지 계속되는 무한한 은혜이다. 이 무한한 은혜가 십자가에 계시된 것이다.

이 조건 없는 무한한 은혜를 율법주의와 섞으면 안 된다. 바울이 갈라디아서에서 힘을 다해 반대한 거짓 형제들이 바로 복음을 율법주의와 섞은 자들이었다. 바울에 의하면 이들은 복음에서 오는 무한한 기쁨과 자유를 빼앗아 가는 자들로 복음의 적들이다. 새 관점 학파의 계약적 율법주의가 갈라디아서에서 바울이 힘을 다해 반대한 거짓 형제들의 관점과 과연 얼마나 다를까? 보캄(R. Bauckham)은 계약적 율법주의가 하나님의 은혜를 중심에서 변두리로 옮긴 이론이라고[14] 비판했는데 이 비판은 옳다. 하나님의 은혜가 중심에서 밀려나가고 그 자리를 율법주의(nomism)가 차지했다고 할 때, 갈라디아서에 나오는 저주를 받아 마땅하다고 바울의 비판의 대상이 된 거짓 형제들[15]과 이미 상당히 가까운 거리에 있는 것이다. 우리는 바울이 율법 밖에서 나타난 그리스도의 의를 전하는 자라는 것을 유념해야 한다.[16] 그리고 이 율법 밖에서 나타난 무한한 은혜 때문에 조건 없는 윤리가 탄생하는 것이다. 예수께서 말씀하신 새로운 의는 이 조건 없는 윤리를 의미한다. 그것은 서기관이나 바리새인 그리고 율법학자들이 상상하고 행하고 있는 의가 아니다.

---

14) 보캄은 여기에서의 "강조점은 압도적으로 율법에 대한 순종의 행위로 얻는 구원에 놓여 있고, 그 결과 인간의 성취가 중심 무대를 차지하며, 하나님의 은혜는 전제되지만 결국 주변으로 밀려나게 된다."고 밝혔다. J. M. G. Barclay, 『바울과 선물』, 293에서 재인용.

15) "이는 가만히 들어 온 거짓 형제 까닭이라 저희가 가만히 들어 온 것은 그리스도 예수 안에서 우리의 가진 자유를 엿보고 우리를 종으로 삼고자 함이라" (갈2:4).

16) "믿음이 오기 전에 우리는 율법 아래에 매임 바 되고 계시될 믿음의 때까지 갇혔느니라 이같이 율법이 우리를 그리스도께로 인도하는 초등교사가 되어 우리로 하여금 믿음으로 말미암아 의롭다 함을 얻게 하려 함이라. 믿음이 온 후로는 우리가 초등교사 아래에 있지 아니하도다" (갈 3:23-25). 바울에 의하면 "율법의 행위로 의롭다 함을 얻을 육체가 없다" (갈2:16). "하나님 앞에서 아무도 율법으로 말미암아 의롭게 되지 못할 것이 분명하다" (갈 3:11). 더욱 강력한 바울의 말씀은 의롭게 되는 것이 율법으로 말미암으면 "그리스도께서 헛되이 죽으셨다" (갈 2:21)는 표현이다.

Ⅳ. 은혜에 대한 온전한 해석

샌더스는 유대교가 은혜의 종교라고 강변했고, 루터를 비롯한 개신교가 유대교를 율법주의 종교로 폄하한 것은 유대교에 대한 중상모략이라고 비판했다. 유대교가 은혜의 종교라는 샌더스의 관점은 많은 사람들이 계승했고(물론 이 계승에는 홀로코스트에 대한 서구 사람들의 반성이 깊이 내재하고 있다), 샌더스를 비판한 더 새로운 관점의 신학자 바클레이도 제2성전기 문헌들이 혼란스럽고 일치하는 것은 아니지만[17] 은혜의 종교를 뒷받침 할 수 있는 문헌들도 어느 정도 존재한다고 보았다.[18] 그러나 유대교가 여전히 율법의 종교라는 비판도 여전히 강력하게 존재한다. 이 사실은 유대교가 은혜의 종교인지 율법의 종교인지의 문제는 아직까지 여전히 토론의 대상이지 결론이 난 사실이 아니라는 것을 의미한다.

유대교는 정말 은혜의 종교일까? 샌더스가 언급한 수많은 제2성전기 문헌들에는 하나님의 은혜를 찬양하는 수많은 글들이 존

---

17) 바클레이는 유대교 문서의 다양성이 "유대교를 은혜의 종교로 규정하는데 제약을"(J. M. G. Barclay, 바울과 선물, 544.) 만든다고 지적했다. 유대교는 이스라엘이 선택받을 때와 같은 시작의 단계에서는 은혜로 출발하는 종교이지만, 그 다음에는 계약을 지켜야 하기 때문에 은혜의 종교로 규정하는데 무리가 있는 것이다. 샌더스는 시작할 때의 은혜의 차원을 언급하면서 유대교를 은혜의 종교라고 평가했는데, 바클레이에 의하면 이 평가 속에는 전체를 보지 않은 단견이 숨어 있다.

18) 바클레이는 쿰란의 『호다요트』와 같은 문헌을 은혜의 문헌으로 보고 있는데 이는 의심스럽다. 왜냐하면 『호다요트』는 소수의 유대민족에게는 하나님이 은혜로울지 모르나 악한 이방인들에 대한 심판이 강조되고 있기 때문이다. 『호다요트』는 하나님의 영광을 악인에 대한 살육의 때와 연결시키고 있다. 유대교에서의 하나님의 은혜는 일반적으로 율법을 행하는 의로운 자나 선민으로서의 이스라엘의 특권과 관련되어 있다. 바울은 이 둘을 모두 거부하고 그리스도를 통해 나타난 새로운 은혜와 자비의 세계를 말하고 있다. 바클레이가 언급하고 있는 은혜의 문헌이라는 것도 바울이 거부한 범주에 속한다.

재한다. 조건이 열악한 이스라엘을 선택하신 하나님의 놀라운 사랑을 비롯하여 때를 따라 양식을 주시는 하나님의 은혜, 무가치한 인생에게 베푸시는 하나님의 은혜, 적에게 승리를 주시는 하나님의 은혜, 그리고 죄인들을 징벌하시면서도 또한 용서하시는 하나님의 은혜가 언급되고 있다. 분명히 하나님의 은혜에 대한 찬양이 수많은 문헌들 속에 나타나고 있다. 그런데 신의 은혜를 언급하고 찬양하면 그 종교는 은혜의 종교가 될까? 세계 종교 가운데 신의 은혜를 찬양하지 않는 종교는 얼마나 될까? 그 은혜의 찬양 속에 무가치한 존재를 사랑하고 용서하는 내용이 과연 없을까? 그런 내용이 있으면 그 종교는 은혜의 종교가 되는 것일까?

제2성전기 문헌에는 『솔로몬의 지혜서』에서 볼 수 있듯이 죄인들을 지금 심판해서 벌하는 것이 마땅한데, 아직 심판하지 않으시고 회개하고 새로운 삶을 살도록 시간과 기회를 주시는 하나님의 은혜에 대한 찬양이 많이 나타난다. 샌더스는 이런 문헌들이 유대교가 은혜의 종교라는 것을 뒷받침한다고 보았는데, 이 문헌들을 근거해서 은혜의 종교로 유대교를 규정하기에는 매우 미흡하다. 이유는 이 은혜가 종말론적 심판 앞에 있는 더 무서운 심판이 전제된 은혜로 보이기 때문이다. 하나님의 유예된 심판으로 보이는 이 은혜가 참으로 유대교를 은혜의 종교로 보는 근거일 수 있을까? 더 중요한 것은 최후의 심판이 행위에 의해 이루어진다면 그 종교가 과연 은혜의 종교라고 언급할 수 있을까? 계약적 율법주의의 범주 안에 있는 제2성전기 문헌들은 대개 최후의 심판은 행위에 근거한 의의 심판을 보여준다. 『에스라 4서』 역시 최후의 심판은 의의 심판임을 언급하고 있다. 『에스라 4서』에 의하면 인간에게는 지성이 있기 때문에 자신의 죄에 대해서는 반드시 책임을 져야 한다. 그런 까닭에 다가 올 세상에서 대다수의 사람들은 고통스러울 것이다. 오직 소수의 사람들만이 즐거움을 누릴 것이다. 현실 속에서는 하나님의 은혜로 죄인들이 시간을 얻고 살아가고 있다. 그러나 이 하나님의 자비를 멸시하면 안 된다. 왜냐하면 최후의 심판은 의의 심판이기 때문이다. 이런 틀 속에 있는 유대교가 정말 은혜의 종교일까?

세계의 통치자들이나 독재자들을 찬양하는 문헌 속에도 은혜라는 표현은 풍성하다. 은혜라는 표현이 풍성할수록 그 통치자나 독재자는 오히려 은혜와는 거리가 먼 무서운 정복자일 가능성이 더 많다. 종교의 경우에도 유사한 측면이 있다. 신이 무섭고 두려울수록 신 앞에 나아가는 자들은 신을 찬양해야 한다. 중요한 것은 은혜, 자비, 사랑 등의 표현이 아니다. 그 문헌에서 언급된 신이 정말 어떤 행동을 하며 어떤 존재인가 하는 데 있다.

"인자가 온 것은 섬김을 받으려 함이 아니라 도리어 섬기려 하고 자기 목숨을 많은 사람의 대속물로 주려 함이니라"(막10:45). 예수 그리스도의 삶을 요약한 이 말씀에서 우리는 하나님이 어떤 분임을 정확히 알 수 있다. 우리가 과연 섬기는 신을 상상할 수 있을까? 신은 언제나 하늘에 계시고 세상을 다스리고 심판하는 존재이다. 예수 그리스도 안에 계시된 신은 너무나 놀라운 신이다. 인간을 섬기고 인간의 종이 되신 신에 대한 이야기가 예수 그리스도에 대한 이야기이다.[19]

---

19) "사랑으로 서로 종노릇 하라"(갈5:13)는 바울의 권면은 종이 되신 주님의 사랑에 근거한 윤리이다. "서로 친절하게 하며 불쌍히 여기며 서로 용서하기를 하나님이 그리스도 안에서 너희를 용서하심 같이 하라"(엡4:32)는 에베소서의 교훈 역시 극단적인 하나님의 사랑과 용서에 기초한 윤리이다. 성도들이 오직 은혜로 자유인이 되었지만(엡5:13) 그 자유를 그리스도의 형상을 본받는데 쓰라는 권면의 말씀인 것이다.

바르트가 제1차 세계대전의 포화 속에서 자유주의 신학과 결별할 때, 그가 알게 된 가장 결정적인 사실은 세상에서 경험할 수 없고, 상상도 할 수 없었던 신의 발견이었다. 1916년의 "성경 안에 있는 새로운 세계"(Die neue Welt in der Bibel)라는 제목의 바르트의 강연은 이 놀라운 신의 발견을 강연한 것이었다. 인간을 심판하는 것이 신의 기능인데, 인간을 위해 죽으시는 신이 성경 안에 있는 것이었다. 십자가는 세계 종교 어디에도 없는 놀라운 은혜의 신에 관한 사건이다. 십자가는 제물을 받고 죄를 사해주는 신과는 차원이 너무 다른 신에 대한 이야기이다. 인간을 대신해서 죽는 신에 관한 이야기가 세상 어디에 있는가? 바르트는 이 놀라운 신에 관한 이야기를 그의 『교회교의학』(Kirchliche Dogmatik) 예정론[20]과 화해론에서 장엄하게 전개했다. 심판자가 심판받을 사람을 대신해서 형벌을 받고 죽은 이야기는 찾기 어렵다. 더구나 세상을 심판해야 할 신이 사형당할 죄수를 위해 죽는다는 것은 이성과 상상을 완전히 초월하는 극단적인 놀라운 사건이다. 기독교가 은

---

20) 쿰란의 『호다요트』의 예정론과 바르트가 『로마서』에서 발견한 예정론은 엄청나게 다르다. 바르트가 바울에게서 발견한 예정론은 성자의 죽음 위에서 펼쳐지는 새로운 질서, 만민에 대한 용서와 자비, 그리고 만민을 조건 없이 구원하고자 하는 어마어마한 사랑이다. 그러나 『호다요트』의 예정론은 태초에 신이 일부의 선민을 선택하고 그들에게는 은혜를 베푸시지만, 악한 이방인은 결국 심판과 형벌로 끝나는 예정론이다. 바클레이는 이 예정론이 바울의 예정론과 닮았고, 부분적으로만 차이가 있다고 평가하면서 이 『호다요트』를 은혜의 문서로 보았는데, 부분적으로만 차이가 있는 것이 아니고 근본적으로 체계가 완전히 다른 예정론이다. 바클레이가 유대교의 문헌들이 매우 혼란스럽고 은혜의 문헌이라고 규정하기에는 어려움이 있지만 그럼에도 불구하고 존재하는 다수의 은혜의 신학자 가운데 바울이 한 명에 속한다고 평가한 것은 문제가 있다. 왜냐하면 그 은혜의 신학자들이 말하는 은혜와 바울이 말하는 은혜가 질적으로 매우 다르기 때문이다. 바르트가 바울에게서 발견한 은혜의 예정론에 대해서는 다음을 참고하라. 김명용, 『칼 바르트의 신학』,(서울: 장신대출판부, 2007), 147-174. 바르트에 의하면 이 예정론을 모르면 복음을 모른다. 바클레이가 이 예정론과 하나님의 은혜를 완벽하게 파악한 것 같지는 않다. 바르트 신학의 예정론의 깊은 의미를 이해하고 계승한 사람은 몰트만이다.

혜의 종교라고 할 때 그 의미는 이 극단적인 신의 은혜를 얘기하는 것이다. 이 극단적인 은혜가 과연 유대교에 있을까?

바르트는 예수 그리스도의 십자가에서 인간을 사랑하셔서 인간을 심판하지 못하시는 신을 발견했다. 인간을 얼마나 사랑하셨는지 인간을 심판하지 못하시고 스스로 그 형벌을 감당하시는 말로 표현할 수 없는 자비의 신을 바르트는 발견했다. 계약적 율법주의가 언급하는 은혜와 바르트가 십자가에서 발견한 은혜는 너무나도 다르다. 그 다름의 핵심은 신의 모습이다. 계약적 율법주의 안에 있는 신은 정의로 인간을 심판하는 신인데 반해, 바르트가 십자가에서 발견한 신은 심판하지 못하시고 대신 죽으시는 신이다. 바르트에 의하면 십자가에 계시된 하나님은 한 번은 공포를 주고, 한 번은 은혜를 베푸는 두 얼굴의 신이 아니다. 유대교나 세계 종교에 흔히 나타나는 한 번은 은혜를 베풀고 한 번은 심판하는 두 얼굴의 신은 십자가의 계시된 하나님과 충돌되는 우상의 얼굴이다. 하나님은 사랑이시고(요일4:8), 하나님의 얼굴은 언제나 자비하다. 바르트에 의하면 하나님의 심판은 십자가에서 이미 해결한 어떤 것인데, 십자가의 그늘이 현존하고 있는 것뿐이다. 이 그늘은 하나님의 사랑이 거부되는 곳에 존재한다. "믿지 않은 자는 … 벌써 심판을 받았다"(요3:18)는 말씀은 여기에 해당된다.

레위기에 등장하는 제사와 죄 용서에 관한 규례는 십자가 사건과 연결해서 설명할 수는 있다. 그러나 제물을 받고 죄 용서하는 신에 대한 이야기와 신이 제물이 되어 죽는 이야기는 하늘과 땅이 다른 것처럼 서로 다르다. 제물을 받고 죄를 용서하는 신은 하늘에 있는 두렵고 의로운 심판자이시다. 이 신과 제물이 되어 죽는 신은 아무런 관계가 없다. 그러나 예수 그리스도의 빛에서 구약의 제사를 재해석 하는 것은 가능성이 있다. 우리는 제물로 죽는 양을 예수 그리스도와 관련해서 해석할 수는 있다. 그러나 이것은 은혜의 종교의 빛에서 구약의 율법의 종교를 재해석 하는 것이다. 유대교는 그 자체로는 은혜의 종교라고 평하기에는 아직 거리가 있다. 그러나 그리스도의 빛에서 재해석된 유대교는 은혜의 종교의 가능성이 있다.

예수 그리스도의 부활은 죄인을 살리시는 하나님의 의의 계시이다. 죄인들은 그리스도와 함께 죽고 그리스도와 함께 살리심을 받았다. 믿는 자들은 그리스도와 연합된 자들로 하나님의 자녀들이고 의의 자녀들이다. 우리는 현존하는 부활의 능력을 깊이 인식해야 한다. 죄를 박멸하고 악의 질서를 무너뜨리고, 죽음의 힘을 파괴시키고, 새 하늘과 새 땅을 만드는 일은 이 부활의 능력과 깊이 결부되어 있다. 인간 안에 존재하는 깊은 악의 뿌리는 이 부활의 능력에 의해 박멸된다. 세상에 존재하는 악의 질서 역시 이 부활의 능력에 의해 붕괴된다. 우리가 그리스도와 함께 죽고 그리스도와 함께 살리심을 받았다는 복음의 내용이 무엇인지 깊이 유념해야 한다.

은혜는 죄의 용서만이 아니다. 인간의 새로운 탄생 역시 하나님의 은혜이다. 또한 죄를 극복하는 능력을 주고, 새 마음을 주고, 존엄하고 고상한 존재로 살 수 있게 만드는 것 역시 하나님의 은혜이다. 은혜의 지배란 하나님의 거룩하심과 능력 및 존귀하심이 성도들을 통해 나타나는 것을 의미한다. 그리스도와 함께 다시 살리심을 받은 사람은 세상이 감당할 수 없는 놀라운 존재들이다. 이 새로운 존귀한 존재의 탄생 역시 하나님의 은혜이다. 율법을 끊임없이 범하는 인간에게 심판의 시간만이 유예되어 있는 것은 진정한 은혜가 아니다. 진정한 은혜는 하나님께서 인간의 죄를 사하고 새로운 인간으로 살 수 있도록 능력을 공급하고, 존엄하고 고상하고 능력 있는 인간을 만드실 때 있는 것이다. 그리스도의 형상으로 변해가는 인간의 삶 속에 진정한 하나님의 은혜의 영광이 비친다. 그리고 마지막 날 심판에서 우리를 건지시는 그곳에 참으로 은혜가 있는 것이다. 바울에 의하면 장차 오시는 주님은 "장래의 노하심에서 우리를 건지시는 예수" (살전 1:10)이시다. 데살로니가전서는 바울의 글 가운데 최초의 것이고 살전 1:10은 바울이 전한 최초의 복음을 요약한 구절이다.

V. 하나님의 은혜의 통치와 죽음의 힘이 지배하는 세상

"요한이 잡힌 후 예수께서 갈릴리에 오셔서 하나님의 복음을 전파하여 이르시되, 때가 찼고 하나님의 나라가 가까이 왔으니 회개하고 복음을 믿으라 하시더라" (막1:14-15). 여기에서 회개는 방향을 바꾸는 것을 의미한다. 즉 세상을 향한 방향에서 하나님의 나라를 향한 방향으로 방향의 전환을 촉구하는 말씀이다. 마태복음에서 "회개하라 천국이 가까이 왔느니라" (마3:2)라고 언급한 세례 요한의 말씀은 이제 오시는 예수님을 향해 방향을 바꾸고 가슴을 열며 천국을 경험하게 된다는 말씀이다. 예수님이 계신 곳에 천국이 있고, 하나님의 통치가 있는 곳에 천국이 있다.

"주의 성령이 내게 임하셨으니 이는 가난한 자에게 복음을 전하게 하시려고 내게 기름을 부으시고 나를 보내사 포로된 자에게 자유를, 눈먼 자에게 다시 보게 함을 전파하며 눌린 자를 자유롭게 하고 주의 은혜의 해를 전파하게 하려 하심이라"(눅4:18-19). 기쁨의 세계는 예수님과 더불어 시작되고, 마귀가 쫓겨 나가고 하나님의 통치가 구현된 곳에서 이루어진다. 중요한 것은 이 기쁨의 세계가 주님과 더불어 시작되고 성령의 능력으로 이루어진다는 점이다. 요한복음 5장에 나오는 베데스다 못가의 환자는 38년 동안 희망이 없이 누워있었던 자였다. 세상을 지배하는 악의 힘은 수많은 환자를 만들고 38년 동안 희망 없이 병상에 누워 있는 베데스다 못가의 환자도 만들어 놓은 것이다. 구원은 예수님으로부터 오고, 기쁨의 세계 역시 마귀의 사슬이 끊어지고 하나님의 은혜의 통치가 구현되는 곳에서 이루어진다. "예수께서 이르시되 일어나 네 자리를 들고 걸어가라"(요5:8). 그 누구도 구원할 수 없는 신기하고 감격적인 일이 예수님과 더불어 나타나고 있는 것이다. 요한복음 9장은 날 때부터 소경된 자의 구원에 대해 언급하고 있다. 날 때부터 소경된 자를 과연 누가 고칠 수 있을까? 하나님 나라의 기쁜 소식은 이 불가능한 일이 예수 그리스도와 더불어 시작되었다는 것을 말하는 소식이다.

소경의 눈을 뜨게 하고 38년 된 병 고침의 역사만 예수 그리스도와 더불어 시작되는 것은 아니다. 인간이 변화되고 세상이 변화되는 모든 일도 주님과 더불어 시작된다. 38년 된 병자를 고치는 것만이 불가능한 것이 아니고, 38년 된 고집 센 죄로 뭉친 인간의 변화도 불가능하다. 죄인의 변화는 세상 도덕이나 율법이 할 수 있는 능력이 아니다. 로마서 7장은 죄인의 변화의 불가능성과 율법의 불가능성을 극명하게 나타내주는 본문이다. 인간의 죄를 고치는 것이 불가능할 뿐만 아니라 세상을 변화시키는 것도 불가능하다. 한 정권이 붕괴되고 새 정권이 들어와도 여전히 옛 시대의 불의한 정권이지 큰 변화가 있는 것이 아니다. 하나님의 나라는 하나님께서 친히 세우시고, 하나님의 은혜의 통치가 구현되는 곳에 비로소 기쁨의 세계가 존재한다.

바르트가 그의 유명한 『로마서 강해』에서 인간의 불가능성과 율법의 무능을 발견하고 그 뒤에 존재하는 죽음의 세력의 무서운 힘을 발견한 것은 위대한 발견이었다. 이 발견이 19세기의 종교신학과 결별하고 20세기의 은혜의 신학을 발전시킨 중요한 발견이었다.[21] 바르트에 의하면 이 세상은 죽음의 힘에 사로잡혀 있다. 이 죽음의 힘은 인간의 능력으로 결코 빠져 나오지 못한다. 이 죽음의 힘은 더 큰 힘인 성령의 능력으로만 부술 수 있다.[22] 바르트에 의하면 로마서 8장의 새로운 인간은 성령의 능력과 더불어 탄생하는 인간이다. "그러므로 이제 그리스도 예수 안에 있는 자에게는 결코 정죄함이 없나니 이는 그리스도 예수 안에 있는 생명의 성령의 법이 죄와 사망의 법에서 너를 해방하였음이라"(롬8:1-2). 바르트에 의하면 육신의 죄를 죽일 수 있는 능력은 율법에 있는 것이 아니고 영의 능력에 있다. 인간이 의로운 자가 되는 것도 인간의 능력이나 율법의 능력이 아니다. 그것은 그리스도 안에서 성령에 의해 새로이 만들어지는 어떤 것이다.

---

21) 바르트의 『로마서 강해』 제1판(1919)과 제2판(1922)의 인간의 불가능성과 율법의 무능에 대한 이해를 위해서는 다음의 글을 참고하라. 김명용, 『칼 바르트의 신학』 (서울: 장신대 출판부, 2007), 53-87.

22) K. Barth, *Der Römerbrief Unveränderter Nachdruck der 1. Auflage von 1919* (Zürich:1936), 140.

로마서에 대한 바르트의 이해는 독일의 유명한 신약학자 케제만(E. Käsemann)이 이어받았다.[23] 케제만은 바울의 신학 배후에는 유대 묵시문학적인 세계관이 있다는 것을 알았다. 악의 세력과의 종말론적인 투쟁은 케제만에 의하면 바울 신학을 관통하는 세계관이고, 나아가서 신약성경을 이해하는 매우 중요한 세계관이다.

신약학자 마틴(J. L. Martyn) 역시 시대들(aeons) 간의 대조를 내용으로 삼는 묵시적 주제가 바울신학의 중심에 있다는 것을 정확하게 파악하고 바울이 사용한 "권세들"이라는 표현의 탈신화화를 거부했다.[24] "끝으로 너희가 주 안에서와 그 힘의 능력으로 강건하여지고 마귀의 간계를 능히 대적하기 위하여 하나님의 전신갑주를 입으라 우리의 씨름은 혈과 육을 상대하는 것이 아니요 통치자들과 권세들과 이 어둠의 세상 주관자들과 하늘에 있는 악의 영들을 상대함이라"(엡6:10-12). 유사한 말씀이 골로새서에도 있다. "그가 우리를 흑암의 권세에서 건져내사 그의 사랑의 아들의 나라로 옮기셨으니"(골1:13). 골로새서에 의하면 "아들 안에서 … 속량 곧 죄 사함을 얻은"(골1:14) 일이 흑암의 권세에서 아들의 나

---

23) 케제만의 바울 해석에서 등장하는 "은혜의 지배"(Gnadenherrschaft) 개념은 매우 중요하다. 이 개념은 성도들의 삶 속에 그리스도의 주 되심과 긴밀하게 연결된 개념이다. 참고하라. E. Käsemann, "Gottesgerechtigkeit bei Paulus", *ZThK* 58(1961), 367-378.

24) J. L. Martyn, *Galatians: A New Translation with Introduction and Commentary* (New York: Doubleday, 1997), 37, 104-105, 163-164. 예수님께서 하나님 나라가 가까이 왔다고 말씀하셨을 때도 같은 의미를 지니고 있다. 새 시대의 놀라운 세계가 눈앞에 왔다는 말씀인 것이다. "누구든지 그리스도 안에 있으면 새로운 피조물이라 이전 것은 지나갔으니 보라 새것이 되었도다"(고후5:17)는 바울의 말씀도 그리스도 안에 새 시대(aeon), 새 세계, 놀랍고 기쁘고 감격적인 새 질서가 있다는 말씀이다. 그것은 하나님께서 통치하시는 은혜와 자비의 세계이다. 이 세계와 더불어 과거의 질서(마귀가 지배하는 질서)는 묵시문학적으로 종말을 맞는다.

라로 가게 되는 결정적 근거이다. 계약적 율법주의는 인간의 선함의 가능성과 율법의 능력을 믿는 사상이다. 그러나 바르트나 케제만에 의하면 죽음의 힘에 사로잡힌 인간은 선을 행할 능력이 없다. 선을 행할 능력은 그리스도 안에 있고 하늘로부터 온다. 그것은 하나님의 은혜의 지배와 관련되어 있다.[25] 인간이 선을 행하는 것은 은혜로 말미암은 것이지 율법의 능력으로 되는 것이 아니다.

VI. 무조건적인 은혜와
그리스도인의 새로운 삶

1964년 『희망의 신학』(*Theologie der Hoffnung*)을 출간한 이후부터 오늘에 이르기까지 세계 신학에 가장 큰 영향을 미치고 있는 몰트만(J. Moltmann)의 신약학의 스승은 케제만이었다. 몰트만은 바르트의 『교회교의학』(*Kirchliche Dogmatik*) 예정론과 화해론에 등장하는 은혜의 신학과 케제만의 묵시문학적 세계관을 이어받았다. 몰트만이 볼 때 값싼 은혜나 값비싼 은혜는 잘못

---

25) 바울이 "새 생명을 은혜의 지배 아래 사는 생명으로 묘사"(J. M. G. Barclay, 『바울과 선물』, 832)한다고 평가한 바클레이의 평가는 전적으로 옳다. 바클레이에 의하면 새로운 삶을 위한 능력도 은혜를 수여하시는 분에 의해 전달된다. 바클레이에 의하면 "영생으로 인도하는 끈기 있는 선행의 기초와 틀은 신적 능력의 행위로, 악한 인류에게 주어진 비상응적인 선물이다. 이 비상응성이야말로 죄의 보편적 영향에 의해 부패했다고 보는 세상 속에서 바울이 소망을 갖게 되는 근거이다" (위의 책, 790). 바울의 복음이 "인간이 처한 곤경"에 대한 "해결책"(solution)이라는 바클레이의 이해 (위의 책, 792)는 옳다.

된 구별이다. 비록 본회퍼(D. Bonhoeffer)에 의해 이 구별이 언급되었지만 하나님의 은혜를 값싼 은혜 혹은 값비싼 은혜로 구별하면 안 된다. 하나님의 은혜는 무조건적 은혜이다. 그것은 조건 없이 주시는 무한한 하나님의 용서이고 하나님의 자비이다. 값싼 은혜나 값비싼 은혜를 운운하는 것은 잘못된 신학으로 가는 길이다.

1980년대 몰트만에 크게 영향을 받은 평화신학과 평화운동은 원수사랑의 정치적 실천을 요구하는 신학이었고, 운동이었다. 세상을 지배하는 악의 힘은 율법주의적인 힘의 균형 이론으로 극복되지 않는다. 악은 악을 만들고 더 큰 악을 만든다. 한 나라가 정의를 세운다고 군비를 확장하면 이내 상대국 역시 자신들의 정의를 위해 더 강한 군사력을 보유해야 한다. 정의에 기반을 두고 있는 율법주의적 정치신학은 세계를 위기에 몰아넣고 세계를 악의 통치의 땅으로 변화시킨다.

몰트만에 의하면 예수 그리스도께서 평화이시다. 평화는 예수 그리스도로부터 온다. 그리스도의 평화는 무한한 자비에 기초를 두고 있는 평화이고, 원수사랑에 기초를 두고 있는 평화이다. 그것은 악을 악으로 갚아서 만드는 평화가 아니고 악을 선으로 이기는 평화이다. "하늘에 계신 너희 아버지의 온전하심 같이 너희도 온전하라"(마5:48). 하나님의 자비하심은 끝이 없다. 그의 은혜는 조건이 없고 무한히 흘러넘친다. 하나님은 악한 자에게도 자비하시고, 자신을 대적하는 자들의 죄도 용서하시고, 그들의 죄를 대신 지고 돌아가셨다. 예수님의 이 정신을 바울은 로마서에서 다음과 같이 언급했다. "아무에게도 악을 악으로 갚지 말고 모든 사람 앞에서 선한 일을 도모하라"(롬12:17). "악에게 지지 말고 선으로 악을 이기라"(롬12:21). 예수님의 윤리가 원수 사랑인 것과 마찬가지로 바울의 윤리 역시 원수 사랑으로 표현된다. "네 원수가 주리거든 먹이고 목마르거든 마시게 하라"(롬12:20).

　새 관점 학파의 신학자들은 오직 은혜, 오직 믿음의 교리는 하나님의 은혜를 값싼 은혜로 만들고 그리스도인의 윤리와 실천에 심각한 문제를 일으킨다고 비난했다. 오직 은혜, 오직 믿음의 교리를 오용하면 그런 문제가 생길지는 모른다.[26] 그러나 20세기 후반 세계를 바꾼 위대한 평화혁명이 오직 은혜의 신학에서 시작되었다는 것을 유념해야 한다. 율법주의는 세상을 구원하지 못한다. 이는 바울이 계속 힘주어 강조한 가르침이다. 세상을 구원하는 힘은 복음에서 나온다.[27] 율법은 서로를 비방하는 일을 계속하게 만드는 힘은 있다. 그렇지만 그것은 엄청난 파괴를 일으킬 것이다. "비판을 받지 아니하려거든 비판하지 말라 너희가 비판하는 그 비판으로 너희가 비판을 받을 것이요 너희가 헤아리는 그 헤아림으로 너희가 헤아림을 받을 것이니라"(마7:1-2). 예수님의 이 말씀은 율법의 세계의 위기와 참혹상을 말씀하시는 것이다. 하나님의 자비하심과 같이 우리도 자비해야 한다. 그것이 세상을 변화시키는 참된 힘

---

26) 믿음은 삶 전체를 바꾸는 어마어마한 혁명의 시작이다. 그리고 믿음의 결과는 사랑으로 나타난다. "사랑으로 역사하는 믿음"(갈5:6)이 오직 믿음으로 구원받은 사람들의 삶이다.

27) 복음은 마음의 변화를 일으킨다. 율법은 밖에서 강요하는 법이지만 복음은 마음을 변화시키는 강력한 힘이 있다. 성령께서는 복음을 통해 새 마음을 주신다. "마음에 새긴 법"이라는 표현은 복음으로 탄생한 인간의 마음을 표현하는 좋은 표현이다. 바클레이가 로마서를 깊이 연구한 끝에 바울은 "생각"에 관심이 깊고 규범이나 실천의 행동 이전에 존재하는 "방향, 충성, 기질" 등을 다루는 데 관심이 깊다는 것은 전적으로 옳다. "마음에 새긴 법"에 대한 바클레이의 찬동과 설명은 다음을 참고하라. J. M. G. Barclay, 『바울과 선물』, 780-784; 843.

이다. 그리고 자비한 인간의 탄생은[28] 그리스도의 십자가의 은혜와 하나님의 자비를 깨달을 때 시작된다.

VII. 선한 행위를 기억하고
   상을 주시는 하나님의 은혜

새 관점 학파의 계약적 율법주의에는 유보된 칭의 이론이 있다. 이 유보된 칭의 이론은 구원의 확실성의 문제를 야기하는 이론으로, 성도들의 구원의 기쁨을 빼앗을 수 있는 심각성이 있다. 유보된 칭의 이론이란 완전한 칭의는 마지막 날 이루어진다는 개념이다. 새 관점 학파에 비판적이었던 김세윤도 이 유보된 칭의 이론에 대해서는 긍정성을 표했고[29] 새 관점 학파의 라이트(N. T. Wright)는 마지막 날의 행위심판을 분명히 했다. 라이트는 그리스도의 공로가 성도들에게 주입된다는 이론을 강하게 반대하면서, 구원의

---

28) 그리스도인은 "새로 지으심을 받은"(갈6:15) 자이다. 몰트만은 그의 성령론인 『생명의 영』(Der Geist des Lebens)에서 종교개혁의 칭의의 신학에 중생(새로이 태어남)의 신학이 첨가되어야 된다고 강조했다. 참고하라. J. Moltmann, Der Geist des Lebens (Gütersloh: Gütersloher Verlaghaus, 2016), 158-174. 몰트만에 의하면 하나님은 희생자에게는 정의를 세워주시는 분이시고, 불의한 자에게는 불의를 고쳐 의로운 자로 만드는 분이시다. 의를 세우시는 하나님에 대해서는 위의 책, 136-157을 참조하라. 하나님의 영은 죄인의 칭의에서 자신의 사역을 마치는 영이 아니다. 하나님의 영은 새 생명을 탄생시키고 불의를 제거하고 새로운 사람을 만드는 영이다. 그리스도 안에서 새로 태어난 사람은 점차 그리스도를 본받는 사람으로 변화된다. 그리스도인의 삶의 미래는 그리스도의 형상으로 변화되는 것이다.

29) 김세윤, 『바울신학과 새 관점』(서울: 두란노, 2003), 79-83.

완성은 아직 미래이고 우리에게 확실하게 주어져 있는 것은 아니라고 주장했다.[30] 이형기는 다음과 같이 기록했다. "라이트에 의하면 바울은 그의 종말론, 그 중 최후 심판론에서 행위심판이 있을 것으로"[31] 보았다. 라이트는 "너희는 어찌하여 너희 형제를 심판하느냐? 어찌하여 네 형제를 업신여기느냐? 우리가 디 하나님의 신판대 앞에 서리라"(롬14:10) 말씀 등을 근거로 마지막 날 행위심판이 있기 때문에 이미 구원의 확실성과 완성을 의미하는 종교개혁 신학의 이신칭의론에 대한 거부감을 나타내었다. 이와 같은 라이트의 관점은 마지막 날은 성도들에게 무서운 날이 아니고 기쁨의 날일 것이라는 라이트의 주장에도 불구하고, 마지막 날은 심판과 공포의 날이 될 것이라는 불안을 떨쳐낼 수 없다. 왜냐하면 그 누구도 양심이 살아 있는 사람이라면, 행위로 하나님 앞에서 구원에 이를 것이라고 자신할 수 있는 사람은 없을 것이기 때문이다.

라이트가 일부 성경 구절들을 잘못 주석하면서 구원의 확실성에 심대한 침해를 가했지만, 성경 안에는 그것을 능가하는 구원의 확실성에 대한 말씀들이 많다. "내가 진실로 진실로 너희에게 이르노니 내 말을 듣고 또 나 보내신 이를 믿는 자는 영생을 얻었고 심판에 이르지 아니하리니 사망에서 생명으로 옮겼느니라(요 6:47). 예수님을 믿는 자들은 심판에 이르지 아니한다. 데살로니가 전서 1:10의 바울이 최초로 전한 복음의 핵심도 우리를 "장차 노하심에서 건지실 예수님"이었다. "하나님이 세상을 이처럼 사랑하사 독생자를 주셨으니 이는 그를 믿는 자마다 멸망하지 않고 영생을

---

30) 라이트의 구원관에 대해서는 다음의 글을 참고하라. 이형기, 『개신교의 구원관』 (서울: 한들출판사, 2019), 285-416.

31) 위의 책, 380.

얻게 하려 하심이라"(요3:16). 요한복음의 이 말씀은 예수님을 믿으면 믿기 시작할 때만 죄를 용서하신다는 말씀이 아니다.

만약에 믿을 때만 죄가 용서되고 그 다음에는 선행이 중요하다면 예수님을 믿은 초기에 죽는 것이 가장 구원의 확실성이 있을 것이다. 칼뱅주의자 뵈트너(L. Boettner)는 아르미니우스주의자들의 구원관을 비판하면서 위와 같이 비판했다.[32] 요한복음에 의하면 예수님을 믿는 것은 지금 죄가 용서되는 것뿐만 아니라 마지막 날 심판을 받지 않는 것을 의미한다. 그것이 요한이 전하고 있는 복음의 핵심이다. "그를 믿는 자는 심판을 받지 아니하는 것이요 믿지 아니하는 자는 하나님의 독생자의 이름을 믿지 아니 하므로 벌써 심판을 받은 것이니라"(요3:18). 요한복음에 의하면 하나님께서 그의 아들을 보내신 이유는 "세상을 심판하려 하심이 아니다"(요3:17). 바울 역시 로마서에서 "그리스도 예수 안에 있는 자에게는 결코 정죄함이 없다"(롬8:1)고 강조했다.

성도들이 구원을 확신하는 것은 자신의 능력이나 행위에 대한 신뢰 때문이 아니다. 우리는 끊임없이 넘어지고 실패함에도 불구하고, 변함이 없으신 하나님의 사랑과 신실함이 우리를 붙잡고 있다고 믿기 때문이다. "누가 우리를 그리스도의 사랑에서 끊으리요 환란이나 곤고나 핍박이나 기근이나 적신이나 위험이나 칼이랴 … 그러나 이 모든 일에 우리를 사랑하시는 이로 말미암아 우리가 넉넉히 이기느니라 내가 확신하노니 사망이나 생명이나 천사들이나 권세자들이나 현재 일이나 장래 일이나 능력이나 높음이나 깊음이나 다른 아무 피조물이라도 우리를 우리 주 예수 안에 있는 하나님의

---

32) L. Boettner, *The Reformed Doctrine of Predestination*, 홍의표 역, 『칼빈주의 예정론』 (서울: 백합출판사, 1972), 224-226.

사랑에서 끊을 수 없으리라"(롬8:35-39). 우리가 구원에 이르는 것은 신실하신 하나님의 사랑 때문이다.

　구원의 궁극적 근거는 결코 인간에게 있지 않다. 칼뱅주의자들이 성도의 견인 교리를 주장할 때 그 주장의 핵심은 변치 않는 하나님의 사랑의 신실성에 있었다. 이 점은 칼뱅주의를 깊이 연구한 몰트만이 밝힌 것으로 이 점은 신학적으로 매우 가치 있는 것으로 평가된다.[33] "너희 속에 착한 일을 시작하신 이가 그리스도 예수의 날까지 이루실 줄을 우리가 확신하노라"(빌1:6). "주께서 나를 모든 악한 일에서 건져내시고 또 그의 천국에 들어가도록 구원하시리니 그에게 영광이 세세 무궁토록 있을지어다"(딤후4:18). 구원의 확실성을 흔드는 신학은 진정한 복음적 신학이 아니다. 그리스도 안에 나타난 하나님의 사랑은 세상에서 발견할 수 있는 그런 사랑이 아니다. 그것은 처음부터 마지막까지 우리를 감격하게 만들고 눈물로 모든 삶을 바쳐 감사할 수밖에 없는 놀라운 사랑이다. "내가 그들에게 영생을 주노니 영원히 멸망치 아니할 것이요, 또 그들을 내 손에서 빼앗을 자가 없느니라 그들을 주신 내 아버지는 만유 보다 크시매 아무도 아버지 손에서 빼앗을 수 없느니라"(요10:28-29).

　마지막 날의 심판과 관련해서 개혁파 교의학은 성도들에 대한 은혜의 신학을 가르쳤다. 마지막 날은 공포의 날이 아니고 기쁨의 날이다. 하인리히 헤페(Heinrich Heppe)에 의하면 예수 그리스

---

33) 이 주제와 관련해서 다음의 글들을 참고하라. J. Moltmann, "Prädestination und Heilsgeschichte bei Moyse Amyraut", in: *Zitschrift der Kirchengeschichte* 65/66(1953/54), 370-303: 동 저자, *Prädestination und Perseveranz* (Neukirchen: 1961). 필자의 다음 글도 참고하라. 김명용, "오늘의 예정론", 동 저자, 『현대의 도전과 오늘의 조직신학』(서울: 장신대출판부, 1997), 77-79.

도께서는 마지막 날의 심판에서 신자와 불신자를 나눈다. "신자는 실제로 심판을 받지 않고, 그리스도께서 다른 사람과 분리할 것이다."[34] 성도들의 죄는 들추어지지 않을 것이다. 왜냐하면 이미 그리스도께서 용서하시고 지우셨기 때문이다.

헤페에 의하면 이날은 성도들이 "은혜의 경이로움"[35]을 경험하는 날이다. 이 날은 하나님의 사랑과 자비가 무엇인지 눈으로 경험하는 날이다. 마지막 날 성도들과 관련된 심판은 형벌과 관련된 것이 아니다. 그것은 우리의 일생의 삶을 평가하는 평가의 의미를 지닌 것이다. 로마서 14:10이나 고린도후서 5:10의 "심판대"의 헬라어 '베마'(bema)는 경기장의 시상대의 의미를 지니고 있다. 경주한 선수들이 마지막 평가를 받고 상을 받는 장소가 헬라어 '베마'(bema)가 의미하는 심판대이다. 바울은 "푯대를 향하여 그리스도 예수 안에서 하나님이 위에서 부르신 부름의 상을 위하여 달려간다"(빌3:14)고 언급했다. 물론 이 상 가운데 가장 중요한 상은 부활과 영생 및 하나님 나라일 것이다. 그러나 면류관을 주신다는 등의 표현으로 미루어 봐서 또 다른 상의 가능성도[36] 추론된다. 헤페에 의하면 그리스도께서는 우리의 죄를 덮으시고, 이 날 세상에서 잘한 일에 대해서는 "칭찬"하실 것이다.[37]

오직 은혜, 오직 믿음의 신학이라고 해서 인간의 선한 행위에 대한 하나님의 반응이 없는 신학이라고 생각하면 안 된다. 칼뱅(J.

---

34) H. Heppe, *Reformierte Dogmatik*, 이정석 역, 『개혁파 정통 교의학』(서울: 크리스찬 다이제스트, 2007), 993. 가라지들은 이날 구별된다.

35) 위의 책, 884.

36) "이는 각 사람이 무슨 선을 행하든지 종이나 자유인이나 주께로부터 그대로 받을 줄을 앎이라"(엡6:8).

37) H. Heppe, 『개혁파 정통 교의학』, 994.

Calvin)에 의하면 가톨릭의 행위의 의는 하나님의 상급에 대한 오해에서 비롯되었다. 선한 행위의 공로로 우리가 구원을 얻고 의를 얻는 것은 아니다. 칼뱅에 의하면 좋은 나무는 좋은 열매를 맺는다. 칼뱅에 의하면 우리의 구원은 전적으로 믿음에 근거한다. 믿는 자들은 이미 사망의 나라에서 생명의 나라로 옮긴 사람들이다. 그런데 이 생명의 나라에 뿌리 내린 좋은 나무는 좋은 열매를 맺는다. 칼뱅에 의하면 야고보서의 행함이 없는 믿음은 믿음 자체에 문제가 있는 것이다. 칼뱅은 이를 내용이 없는 텅빈 믿음으로 표현했다.[38] 요한일서에 의하면 하나님께로부터 난 자들은 죄를 짓지 않는데, 그 이유는 "하나님의 씨가 그 속에 거하기 때문"(요일 3:9)이다. 우리 안에 거하시는 하나님의 영은 우리가 선한 열매를 맺도록 우리를 이끌어 간다. 그런데 우리가 선한 열매를 맺는 것은 우리 안에 역사하시는 하나님의 영의 역사이고 은혜이지만, 우리의 의지가 전혀 없는 것은 아니다. 우리 역시 고난을 견디며 선한 일을 위해 수고하는 삶을 사는 것이다. 그런데 우리가 고난을 견디며 선한 일을 하는 것을 하나님께서 기억하시고 상을 주신다는 것은 말할 수 없는 하나님의 은혜이다.

칼뱅에 의하면 의로우신 재판장이 내게 마지막 날 의의 면류관을 주시는 것(딤후4:8)도 그리스도를 통한 죄의 용서에 기반하고 있다. 그 누구가 참으로 상을 받을만한 의로운 자이겠는가? 칼뱅은 "하나님의 사랑이 주의 백성 속에 있는 모든 불의를 다 덮어주지 않고서 어떻게 우리의 행위에 의를 덧입혀 주실 수 있겠는가?

---

38) J. Calvin, *Institute*, III, 17. 11. 그런데 선한 열매를 맺지 못하는 성도들이 현실적으로 있지 않을까 라는 질문에 대해서는 외견상 선한 열매를 맺지 못하는 성도라 할지라도 가슴 속에는 주님에 대한 사랑이 많이 지났을 것이라고 추정할 수 있다. 이 주님에 대한 사랑은 나쁜 나무가 맺을 수 있는 열매가 아니다.

하나님께서 그의 한없으신 자비하심으로 형벌을 받아 마땅한 모든 것들을 그의 백성들 속에서 씻어내지 않으시고서 어떻게 그들이 상급받기에 합당하다고 판단하실 수 있겠는가?"[39]라고 언급했다. 칼뱅의 견해에 따르면 하나님께서는 그리스도 안에 나타난 속죄의 은혜로 끊임없이 우리의 죄악을 씻어주시고, 우리가 행한 작은 선한 일들은 잊지 아니하시고 기억하신다. 칼뱅에 의하면 모든 믿는 자들은 부활과 영생의 "지복"을 얻는다. 그리고 우리의 선행은 우리가 장차 얻게 될 "영광"으로 나타날 것이다.[40]

"너희를 위하여 보물을 땅에 쌓아 두지 말라 거기는 좀과 동록이 해하며 도둑이 구멍을 뚫고 도둑질 하느니라 오직 너희를 위하여 보물을 하늘에 쌓아 두라 거기는 좀이나 동록이 해하지 못하며 도둑이 구멍을 뚫지도 못하고 도둑질도 못하느니라 네 보물이 있는 곳에 네 마음도 있느니라"(마6:19-21). 우리의 보물은 하늘에 쌓아야 한다. 오직 은혜, 오직 믿음의 신학이 선한 행위의 신학을 부정하는 신학으로 오해하면 안 된다.

말할 수 없는 하나님의 은혜가 우리에게 넘치고 있다. 우리는 이 하나님의 은혜를 세상에 나누어주기 위해 신실하게 살아야 한다. 보물을 하늘에 쌓은 사람은 참으로 지혜로운 사람이다. "내가 진실로 너희에게 이르노니 하나님 나라를 위하여 집이나 아내나 형제나 부모나 자녀를 버린 자는 현세에 여러 배를 받고 내세에 영생을 받지 못할 자가 없느니라"(눅18:29-30). 우리는 고난을 두려워해서는 안 된다. 고난 속에는 상주시는 하나님의 은혜가 깊이 존

39) J. Calvin, *Institute*, III, 18, 5.

40) 김선권 "칼뱅의종말론", 제52차 온신학회 정기학술세미나 자료집(2024.2.26), 5-9.

재하고 있기 때문이다. "나로 말미암아 너희를 욕하고 박해하고 거짓으로 너희를 거슬러 모든 악한 말을 할 때에는 너희에게 복이 있나니 기뻐하고 즐거워하라 하늘에서 너희 상이 큼이라"(마5:11-12). 하나님께서는 우리에게 상주시기를 기뻐하신다. 오직 은혜, 오직 믿음의 신학은 성도들의 신실한 삶을 방해하는 신학이 아니다. 그것은 흘러넘치는 하나님의 은혜가 수많은 선한 열매를 맺고 새 역사를 만든다는 것을 말하고자 하는 신학이다.

결 언

바울신학에 대한 새 관점 학파의 주장은 종교개혁에서 시작된 개신교의 구원론을 근원에서 흔드는 이론이지만, 성공한 것으로 보이지 않는다. 새 관점 학파의 가장 중요한 오류는, 바울신학의 은혜의 극단성과 무조건성 때문에, 계약적 율법주의로는 바울의 신학을 결코 바르게 설명할 수 없다는 점이다. 오히려 바울의 복음은 이 계약적 율법주의가 무너진 곳에서 시작된다. 또한 새 관점 학파의 유보된 칭의 이론은 성도들의 구원의 확실성을 흔들고 구원의 기쁨을 빼앗을 수 있는 심각성이 있다. 예수님을 믿으면 결코 심판에 이르지 않는다. 마지막 날에는 성도들은 하나님의 은혜의 경이로움을 경험할 것이다.

온신학은 종교개혁 신학의 핵심인 오직 은혜, 오직 믿음이 온전한 구원론의 기초라고 생각한다. 이 오직 은혜, 오직 믿음의 신학은 20세기에 바르트와 케제만이 이어받았고, 오늘날 몰트만에 의해 계승되고 있는데, 온신학은 이 신학의 흐름 안에 온전한 구원론의 중요한 기둥들이 있다고 평가한다. 오직 은혜, 오직 믿음의 신학이 윤리와 신앙의 실천에 심각한 문제가 있고 값싼 은혜로 흐를 수 있다는 새 관점 학파의 견해는 편견이다. 오히려 오직 은혜, 오직 믿음의 신학에는 역사를 변혁시키는 큰 힘이 있다. 세상을 변화시키는 힘은 율법 속에 있지 않고 복음 속에 있다. 율법은 세상을 구원하지 못한다. 십자가와 부활의 능력이 세상을 구원할 것이다. 하나님은 어마어마하게 은혜로우시고, 어마어마한 은혜를 우리에게 베푸신다. 이 은혜에 부딪히는 곳에서 인간도 변화하고 세상도 변화할 것이다.

제 2 장

구원은
하나님의 예정에 근거할까?
인간의 믿음에 근거할까?

– 바르트(Karl Barth) 신학 이후의
예정론의 새 관점 –

서 언

예정론은 복음을 전하는데 방해되는 교리일까? 구원이 하나님의 예정에 근거한다면 복음 전하는 것은 의미가 없지 않을까? 예정론을 반대하는 사람들은 예정론은 성서적 사상이 아니고 사변에 불과하다고 주장한다. 그러나 예정론은 사변이 아니고 복음의 총화이다. 예정론은 많은 사람들에게 사변으로 느껴지고 복음과는 거리가 먼 추상적인 어떤 것으로 느껴지고 있다. 왜 그럴까? 그것은 전통적 예정론이 사변적인 어떤 체계를 많이 발전시켰기 때문이다. 그러나 예정론은 사변이 아니고 복음을 표현하는 대단히 중요한 교리이다.

많은 사람들은 예정론을 복음을 전하는 데 방해가 되는 교리로 생각하고 있다. 이유는 예정된 사람은 어떤 상황에 처하든지 언젠가는 예수님을 믿고 구원을 받을 것이지만, 예정되지 않은 사람은 아무리 예수님을 전해도 결국 멸망받도록 정해져 있다고 생각되기 때문이다. 또한 예정론이 인간의 자유의지를 가르치는 성경과 충돌된다고 믿고 있는 사람들도 많이 있다. 예정론은 공평하신 하나님과 너무나 거리가 있는 잘못된 교리라고 생각하는 사람들도 있다. 그러면 예정론은 정말 잘못된 교리인가? 우리는 이것을 밝히기 위해 먼저 전통적 예정론에 대한 신학적 비판과 반론들을 밝히고 예정론의 본질에 접근해 들어가고자 한다. 그리고 예정론이 복음의 총화라는 말이 무엇을 의미하는지 그리고 예정론의 핵심은 무엇인지를 밝히고자 한다.

I. 예정의 교리 개요

예정론은 전통적으로 크게 두 개의 기둥으로 구축되어 있는 신학적 체계이다. 이 두 개의 기둥 중 하나는 선택의 교리이고 또 하나는 유기의 교리이다. 그런데 이 선택과 유기는 모두 창세 전에 일어난 인간의 참여 없이 하나님 자신에 의해서 결정된 하나님의 영원한 결의이다. 하나님은 그의 영원하시고 만고불변한 계획에 의하여 창세 전부터 구원받을 자와 멸망받을 자를 선택했다. 그런데 이 예정의 교리에서 특별히 문제가 되는 것은 유기의 교리이다. 하나님은 정말로 창세 전에 일군(一群)의 무리의 유기를 작정하셨을까? 여기에 대해 칼뱅(J. Calvin)은 다음과 같이 언급했다[1]

> 우리는 하나님의 예정을 하나님의 영원한 섭리라고 부른다. 이러한 영원한 섭리에 의해 그분은 인간이 장차 어떤 운명으로 태어날 것인가를 결정하신다. 모든 사람이 똑같은 상태에서 태어나는 것은 아니다. 어떤 사람은 영원한 생명을 얻도록 사전에 정해졌고, 또 다른 사람에게는 영원한 저주에 처해지도록 사전에 정해졌다. 그러므로 사람들이 전자의 목적이나 후자의 목적으로 창조되었을 때, 우리는 그들이 생명으로 예정되었다. 혹은 죽음으로 예정되었다고 이야기한다.

> 성경이 뚜렷이 밝혀주고 있는 것과 마찬가지로 우리는 하나님께서 그의 영원하고 불변의 계획에 의해 오래 전에 구원을 줄 사람을 정해 놓으셨으며, 반면에 멸망에 처해질 사람도 미리 정해 놓으셨다고 주장할 수 있다.

> 그러므로 선택자 야곱은 외모나 그의 여러 면에 있어서 에서와 하등 차별을 둘 것이 없었으나 하나님의 예정에 의해 유기된 에서와 현격히 구분이 된다.

위의 언급에서 우리는 칼뱅의 견해를 명확히 알 수 있다. 칼뱅

---

1) 한국칼빈주의연구원 편역, 『칼빈의 예정론』 (서울: 기독교문화협회, 1992), p.317.

은 유기 역시 명백한 영원한 신의 섭리로 보고 있는 것이다. 심지어 칼뱅은 "유기 교리를 반대하는 사람은 본인을 반대하는 것이 아니라 성령과 바울을 반대하고 있는 것이다."[2] 라고 단언했다. 칼뱅에 의하면 유기 역시 성경과 성령이 증언하고 있는 확실한 진리이다.

그러면 성경은 정말로 유기를 증언하고 있는가? 칼뱅은 여기에 대해 확실히 그러하다고 언급하고 그 근거로 로마서 9장의 다음과 같은 중요한 구절들을 인용했다.[3]

"기록된 바 내가 야곱은 사랑하고 에서는 미워하였다 하심과 같으니라. 그런즉 우리가 무슨 말 하리요 하나님께 불의가 있느뇨 그럴 수 없느니라. 모세에게 이르시되 내가 긍휼히 여길 자를 긍휼히 여기고 불쌍히 여길 자를 불쌍히 여기리라 하셨으니 그런즉 원하는 자로 말미암음도 아니요 달음박질하는 자로 말미암음도 아니요 오직 긍휼히 여기시는 하나님으로 말미암음이니라"(롬9:13-16). "그런즉 하나님께서 하고자 하시는 자를 긍휼히 여기시고 하고자 하시는 자를 강퍅케 하시느니라"(롬9:18). "혹 네가 내게 말하기를 그러면 하나님이 어찌하여 허물하시느뇨 누가 그 뜻을 대적하느뇨 하리니 이 사람아 네가 뉘기에 감히 하나님을 힐문하느뇨 토기장이가 진흙 한 덩이로 하나는 귀히 쓸 그릇을, 하나는 천히 쓸 그릇을 만드는 권이 없느냐"(롬9:19-21).

이상의 구절들은 칼뱅에 의해서 뿐만 아니라 전통적으로 예정론에서 유기를 위한 성서적 근거로 대단히 자주 언급되는 성구들이다.

이상과 같이 선택과 유기로 구성된 예정론은 그 핵심이 하나님의 주권을 강조하고, 오직 은총에 의한 구원이라는 매우 중요한

---

2) *Ibid.*, p.318.

3) *Ibid.*, pp.321-343.

사상을 그 배경에 깔고 있다. 즉, 인간의 구원은 오직 하나님의 주권적 선택에 의한, 오직 하나님의 은총에 의해서 이루어지는 것이지, 그 구원의 근거가 인간 쪽에 있는 것이 아니라는 것을 나타내고자 하는 의도가 그 근저에 깔려 있다는 말이다. 그러나 이와 같은 훌륭한 의도에도 불구하고 전통적 예정론은 간과할 수 없는 대단히 심각한 문제점을 야기시켰다. 그러나 우리는 그 문제점에 접근하기 이전에 먼저 칼뱅주의 5대 신학강령을 살펴보고자 한다. 왜냐하면 이 칼뱅주의 5대 신학강령은 전통적 예정론의 신학체계를 매우 훌륭히 반영하고 있는 교리이기 때문이다.

칼뱅주의 5대 신학강령은[4] 인간의 전적 무능, 무조건적 선택, 제한된 속죄, 저항할 수 없는 은혜, 성도의 견인이다. 이 중 인간의 전적 무능은 하나님의 예정과 동전의 양면처럼 같이 존재하는 것으로 인간의 구원이 전적으로 하나님의 선택과 은총에 기인함을 언급하기 위한 전제라고 볼 수 있다. 그리고 하나님의 선택이 인간의 선행이나 인간들의 어떤 결단에 근거하고 있지 않다는 것을 나타내는 교리가 무조건적 선택의 교리이고, 그리스도의 속죄의 은총은 결국 제한받는 사람에게만, 곧 선택된 사람에게만 유효하게 된다는 것이 제한된 속죄 교리이다. 그리고 저항할 수 없는 은혜란 선택받은 사람은 그 은혜를 결코 거부할 수 없다는 것을 나타내는 교리이고, 성도의 견인은 선택된 사람은 어떤 일이 있더라도 궁극적으로 구원을 받는다는 교리이다.

그러면 하나님의 은혜는 정말 저항할 수 없단 말인가? 인간에게는 하나님의 은혜를 거부할 수 있는 자유가 없는가? 성도들 가운

---

4) Total Inability, Unconditional Election, Limited Atonement, Irresistible Grace, Perseverance of the Saints.

데도 타락할 가능성은 있을 수도 있지 않은가? 하나님의 선택은 정말 무조건적인가? 그렇다면 인간은 하나의 로봇에 지나지 않는 것이 아닐까? 전통적 예정의 교리가 가르쳐지고 칼뱅주의 5대 신학 강령이 가르쳐지는 곳에서는 언제나 위와 같은 질문이 제기된다. 그리고 더욱 심각한 질문은 유기받은 사람의 입상에서는 너무나 억울한 교리가 예정론이 아닐까 하는 질문이다.

Ⅱ. 예정의 교리에 대한 신학적 비판과 반론들

예정론은 지금까지 수많은 신학적인 비판에 직면해 왔다. 이 비판 때문에 일부 사람들은 예정론을 더 이상 믿을 수 없는 잘못된 교리라고 생각하고 있다. 그러나 예정론은 잘못된 교리가 아니라 칼 바르트(Karl Barth)의 말에 의하면 "복음의 총화"이다. 예정론이 그릇된 교리라고 일부 사람들이 생각하게 된 동기는 예정론이 지금까지 교회에서 잘못 전달되었기 때문이다. 그러면 예정론에 대해 어떠한 신학적 비판이 있었는가? 대표적인 신학적 비판들을 언급하면 다음과 같다.[5]

---

5) 예정론에 대한 반론들과 이 반론에 대한 반론이 Loraine Boettner가 쓴 *The Reformed Doctrine of Predestination* 속에 잘 요약되어 있다. 이 책은 『칼빈주의 예정론』이라는 제목으로 번역되어 있다. 그런데 이 책은 예정론에 대한 반론들은 잘 정리했지만 그 반론에 대한 칼뱅수의 예성톤의 입장에서의 반론은 설득력이 떨어지는 것들이 많다.

1. 예정론은 운명론이다.

전통적 예정론에 의하면 영원 전에 하나님은 일군의 무리를 영원한 복으로, 일군의 무리를 영원한 저주로 예정했다. 따라서 모든 인류는 이미 영원 전에 자신의 운명이 결정되었다. 하나님의 예정에 따라 축복으로 예정된 사람은 예수를 믿고 영원한 복락을 누리지만, 저주로 예정된 사람은 예수 믿는 데 결국 실패하고 영원한 저주를 받게 된다. 이 하나님의 영원한 예정을 거스릴 사람은 아무도 없다. 역사는 하나님의 예정에 따라 일어나게 된다. 이와 같은 전통적 예정론은 결국 모든 사람의 운명은 영원 전에 예정되어 있고, 그 예정대로 복과 저주로 나뉘기 때문에 운명론적인 특징을 갖게 된다. 바로 이런 이유 때문에 예정론은 운명론이라는 신학적 비판에 부딪히게 되었다.[6)]

2. 예정론은 인간의 자유의지와 모순된다.

전통적 예정론에 의하면 인간의 역사는 하나님이 예정한 대로 일어난다. 인간은 그 누구도 여기에 저항하지 못한다. 따라서 이 예정론은 기계론적인 특징을 나타낸다. 영원 전에 하나님이 인간의 운명을 결정한대로 기계적으로 사건이 발생하는 것이다. 이렇게 되

---

6) L. Boettner는 예정이 수레바퀴와 같은 인정없는 운명이나 회오리바람같이 광무하는 우연에 좌우되지 않고 무한히 선하시고 지혜로운 하나님의 전능하신 수중에 달려 있는 것이기 때문에 운명론과 차이가 있다는 관점을 피력하고 있지만 설득력은 없다. 참고 L. Boettner, *The Reformed Doctrine of Predestination*, 홍의표 역, 『칼빈주의 예정론』(서울: 백합출판사, 1972), pp.235.

면 인간의 자유의지는 무의미한 것이 된다. 결국 예정론은 성경이 언급하고 있는 인간의 자유를 무시하는 잘못된 교리라는 것이다.[7]

3. 예정론에 의하면 하나님이 죄의 장시자가 된다.

전통적 예정론에 의하면 하나님은 결코 죄의 창시자도, 죄의 근원이 되는 어떤 동인도 아니다. 그러나 예정론이 갖고 있는 신학적 체계는 인간의 타락이 이미 하나님의 예정 속에 있고 인간은 이 하나님의 예정을 피할 수 없는 점을 가르치고 있기 때문에 결국 하나님이 죄의 창시자가 되는 신학적 모순이 발생한다는 말이다.

4. 예정론은 노력하는 인간의 모든 동기를 낙심시킨다.

인간의 구원과 멸망이 이미 영원 전에 예정되어 있다면 인간의 모든 노력은 결국 의미 없는 것이 된다는 반론이다.

5. 예정론은 개인을 불공평하게 대한다.

전통적 예정론에 의하면 인간의 모든 운명은 영원 전에 결정되

---

7) L. Boettner에 의하면 인간은 타락한 상태에서는 노예의 자유라고 부르는 자유를 갖고 있는 것에 불과하다는 관점을 피력하고 있다. *Ibid.*, p.244.

어 있다. 즉 일군의 무리는 영원한 복으로, 일군의 무리는 영원한 저주로 예정되어 있다. 이와 같은 예정론의 체계를 이중예정이라고 한다. 그런데 이 이중예정론에 의하면 인간을 이렇게 두 부류로 구분하는 것은 전적으로 하나님의 자유이다. 이것은 특히 로마서 9장의 "내가 야곱은 사랑하고 에서는 미워했다"(롬9:12)는 말씀과 "이 사람아 네가 뉘기에 감히 하나님을 힐문하느뇨 지음을 받은 물건이 지은 자에게 어찌 나를 이렇게 만들었느냐 말하겠느뇨 토기장이가 진흙 한 덩이로 하나는 귀히 쓸 그릇을, 하나는 천히 쓸 그릇을 만드는 권이 없느냐"(롬9:20-21)는 말씀에 기초하고 있다. 그런데 하나님의 자유를 이와 같은 시각에서 이해하게 되면 저주로 예정된 자의 입장에서 볼 때 하나님은 불공평한 분이 된다.[8]

6. 예정론은 선한 도덕에 비호의적이다.

인간의 사회적 생활에 있어서 선한 도덕은 대단히 중요하다. 선한 도덕은 사회를 유지하는 힘인 동시에 성경의 하나님이 인간을 향해 원하시는 근본적인 명령과도 깊은 관계를 맺고 있다. 그러나 전통적 예정론에 의하면 인간의 운명이 이미 결정되어 있기 때문에 선한 도덕의 가치는 상당 부분 상실하게 된다.

---

8) L. Boettner는 예정론이 사람을 불공평하게 대한다는 비판에 대해 하나님은 사람을 같은 표준으로 대하지 않는다고 답변하고 있다. 하나님은 편견자는 아니시지만 불공평성은 존재한다. *Ibid.*, pp297-309.

7. 예정론은 진지하게 복음 전하는 것을 막는다.

인간의 구원과 멸망이 이미 예정되어 있다면 열심히 복음을 전해야 할 이유가 어디 있을까? 그러나 성경은 "너는 말씀을 전파하리 때를 얻든지 못 얻든지 항상 힘쓰라"(딤후4:2)고 언급하고 있다.[9]

8. 예정론은 보편 구원을 가르치는 성경구절과 모순된다.

예정론에 의하면 구원은 일군의 복받은 무리에만 제한된다. 그런데 성경은 만민에게 구원의 가능성이 있음을 언급하고 있다. "하나님이 세상을 이처럼 사랑하사 독생자를 주셨으니 이는 저를 믿는 자마다 멸망치 않고 영생을 얻게 하려 하심이라"(요3:16). "믿고 세례를 받는 사람은 구원을 얻을 것이요 믿지 않는 사람은 정죄를 받으리라"(막16:16). 성경은 일군의 무리가 처음부터 구원에서 제외되어 있다고 결코 가르치고 있지 않다.

이상과 같은 예정론에 대한 비판과 반론들은 상당 부분 정당성을 갖고 있다. 이같은 비판과 반론이 일어난 것은 전통적 예정론이 예정론을 잘못 이해해서 가르쳤기 때문이다. 그런데 이와 같은

---

9) 이 밖의 중요한 성경 구절로는 "나는 악인의 죽는 것을 기뻐하지 아니하고 악인이 그 길에서 돌이켜 떠나서 사는 것을 기뻐하노라"(겔33:11)와 "아무도 멸망치 않고 다 회개하기에 이르기를 원하시느니라"(벧후3:9) 등이 있다.

예정론에 대한 반론과 비판보다 더욱 중요한 반론이 20세기에 칼 바르트에 의해 제기되었다. 바르트는 전통적 예정론이 갖고 있는 결정적인 문제점은 예정론이 언급하고 있는 하나님과 십자가에서 계시된 하나님의 모습이 일치하지 않고 있는 데 있다고 보았다. 전통적 예정론에 의하면 하나님은 일군의 무리를 영원 전부터 지옥으로 예정했다. 그런데 과연 사람들을 지옥으로 예정한 그런 하나님이 존재하는가?

바르트에 의하면 영원 전부터 일군의 무리를 지옥으로 예정한 그런 하나님은 존재하지 않는다. 십자가에서 계시된 하나님은 인간의 죄악을 자신이 대신 담당하고 형벌을 받으시는 지극한 사랑의 하나님이다. 이런 지극한 사랑의 하나님이 일군의 무리를 영원 전부터 지옥으로 예정하는 공포의 하나님일 수 없다. 바르트에 의하면 하나님은 만민을 구원하기를 원하신다.

바르트에 의하면 영원한 하나님의 예정은 예수 그리스도를 통해 인류를 선택하시고자 하시는 영원한 하나님의 계획이었다. 즉, 하나님의 예정은 선택과 사랑을 베풀기 위한 은총의 예정이었지 저주를 위한 예정은 아니었다.[10] 바르트는 에베소서 1장을 기초로 해서 하나님의 영원한 예정은 예수 그리스도를 통해 우리를 선택하고자 하는 은총의 예정이었음을 밝혔다.

---

10) K. Barth에 의하면 예정이란 인간을 버리지 아니함(Nicht-Verwerfung des Menschen)을 의미하는 하나님의 작정이다(*KD II*, *2*, p.183.).

III. 칼 바르트(K. Barth)의
예정론의 중요 내용

20C 신학에 불후의 업적을 남긴 바르트는 예정론에노 불후의 업적을 남겼다. 그는 1936년 헝가리와 루마니아 지방을 방문하면서 데브레센(Debrecen)과 클라우젠부르크(Klausenburg)에서 행한 예정론에 관한 그의 유명한 강연 '하나님의 은총의 선택'(Gottes Gnadenwahl)에서 아우구스티누스(Augustinus), 칼뱅(Calvin), 베차(Beza)로 연결되는 전통적 예정론은 이미 규정된 운명만 강조되는 기계적 예정론으로 인간을 향한 회개에로의 진지한 부름을 해치고 있고 이에 상응하는 현존하는 하나님의 자유와 주권을 해친다고 비판했다.

바르트에 의하면 하나님의 예정을 고정된 어떤 체계로 바꾸는 것은 잘못이다. 그것은 복음 전파의 절박성이 희생되는 심각한 위험을 초래한다. 바르트는 병상에서 누워 죽어가는 사람 곁에서 "부르심을 받은 자는 많으나 택함을 받은 자는 적다"라는 말밖에 할 줄 모르는 개혁교회 목사를 비꼬는 반칼뱅주의적 만화를 이 유명한 강연에서 예로 들면서 복음 전파의 절박성이 희생되는 예정론의 오용을 경고했다. 1936년 이 유명한 강연에서의 바르트의 주장에 의하면 예수 그리스도를 믿는 자는 예정된 자이다. 예수 그리스도께서 우리의 저주를 짊어지고 십자가에서 죽었다는 것이 우리의 예정의 확실한 보증이다. 바르트는 1936년의 강연에서 하나님의 예정을 믿음의 사건으로 규정히는 예정론에 있어서의 획기저인 발전을 시도했다.

1942년 바르트는 그의『교회교의학』(*Kirchliche Dogmatik*) Ⅱ,2(*KD* Ⅱ,2)을 출간시키면서 예정론에 관한 새로운 거대한 신학적 체계를 발표했다. 1942년 발표된 그의 예정론은 예정론의 역사에 있어서 기념비적인 획기적인 업적이었다. 이 기념비적인 업적은 예정론을 은총의 총화로 이해한 것과 예정론을 믿음의 사건으로 이해한 것과 깊은 관련이 있다. 1942년 그의『교회교의학』Ⅱ,2에 발표된 그의 예정론의 핵심적인 내용을 언급하면 다음과 같다.

1. 하나님을 예수 그리스도 밖에서 찾으면 안 된다.

예수 그리스도 밖에서 찾아진 하나님은 참 하나님이 아니고 우상이다. 영원 전에 일군의 무리를 지옥에 가도록 예정한 그런 하나님은 없다. 지옥에 가는 사람들의 이빨 가는 소리가 하나님의 의를 찬양한다는 가공할 만한 교리는 하나님을 예수 그리스도 밖에서 찾았기 때문이다. 그런 가공할 만한 교리를 하나님의 주권이라는 말로 변호하고 미화하면 안 된다. 영원 전에 일어난 하나님의 예정은 먼저 하나님의 자기 규정(Selbstbestimmung Gottes)을 의미한다. 하나님은 영원 전에 예수 그리스도 안에 계시기로 작정했다. 하나님은 예수 그리스도 안에서 세상을 창조하시고 인간을 만나신다.

2. 예수 그리스도 안에 계시는 하나님은
   선택하시는 하나님이다.

인간을 버리지 아니하시는 하나님의 모습이 십자가에서 계시되었다. 십자가에서 하나님은 인간을 심판하지 않으시고 그 죄악형벌을 대신 지시고 심판을 받고 죽으셨다. 십자가 속에서 하나님이 어떤 분이라는 것이 극명하게 계시되었다. 인간을 버리기로 작정하는 전통적 예정론의 어두컴컴한 하나님의 결의는 십자가에서 계시된 하나님의 모습과는 아무런 상관이 없다. 하나님의 영원한 결의는 인간을 버리기 위한 결의가 아니고 영원 전부터 예수 그리스도를 예비하시고 예수 그리스도 안에서 인간을 선택하기 위한 결의였다(엡1:4).

3. 하나님의 주권과 자유도
   예수 그리스도 안에서 파악해야 한다.

예수 그리스도 안에서 하나님의 본질이 계시되었다. 예수 그리스도 안에 계시된 하나님의 본질은 사랑이다. 따라서 사랑이 아닌 하나님의 행위는 없다. 하나님의 자유도 사랑을 행하는 자유이지 그 밖의 어떤 것도 아니다. 왜냐하면 하나님은 자신의 본질과 위배되는 일은 하실 수 없기 때문이다. 일군의 무리를 지옥으로 예정하는 천상의 폭군은 폭군일 뿐이지 십자가에서 계시된 자비로운 하나님은 아니다.

4. 하나님의 이중예정은 십자가 안에서 완성되었다. 하나님은 십자가에서 인간을 선택하시고 자신을 버리셨다.[11]

『교회교의학』 II,2 의 예정론에서 바르트에 의하면 참으로 하나님으로부터 버림받으신 분은 예수 그리스도뿐이다. 따라서 예수 그리스도는 "단 한 분 버림받으신 분"(Der einzige Verworfene)이다.[12] 이제 하나님은 예수 그리스도를 버리시고 대신 인간을 선택하시고 인간을 찾으신다.

5. 예수 그리스도 안에서 인간을 찾으시는 하나님께 응답하는 자들은 선택된 자들이 된다.

선택은 믿음을 통해 구현된다. 그러므로 하나님의 선택은 고정된 체계가 아니고 지금 일어나고 구현되고 있는 사건이다. 바르트에 의하면 영원 전에 예수 그리스도 안에서 작정한 하나님의 선택은 시간 속에서 만남을 통해 구현되는 사건이다. 그러므로 선택은 믿음의 사건이다. 믿는 자들은 자신이 영원 전에 이미 선택된 자라는 것을 정확히 알게 된다. 십자가의 예수님을 보면 내가 예정된 자라는 것을 정확히 알 수 있다. 하나님께서 성자를 버리시면서 나를 예정하신 것이다.

---

11) K. Barth에 의하면 하나님의 이중예정은 십자가에서 일어난 극단적 대리교환(Tausch)의 사건이다. 이 사건은 인간을 버리지 아니하시는 하나님의 영원한 결의의 계시이다 (KD II,2, pp.179,182).

12) KD II,2, pp.389,552.

6. 하나님의 자비로운 부르심이 거부당하는 곳에 버림받음의 그늘이 존재한다.

믿는 자들은 선택된 자들이다. 그러나 현 역사 속에는 버림받은 자들이 존재한다. 이들의 존재는 하나님이 버렸기 때문이 아니다. 하나님의 행위는 언제나 은총이고 선택이다. 그러나 이 하나의 하나님의 행위는 두 개의 결과를 초래한다. 예수 그리스도 안에 나타난 하나님의 영원한 선택은 믿음의 사건을 필요로 한다. 이 믿음의 사건이 아직 일어나지 않은 곳, 즉 하나님의 자비로운 부르심이 거부당하는 곳에는 그리스도 안에서 영원히 폐기된 버림의 그늘이 존재한다. 이 그늘이 하나님의 심판이다. 믿지 않는 자들은 하나님께서 예정하셨지만, 그 하나님의 예정이 거부당하거나, 현실화되지 않고 있는 사람들이다. 이들이 현존하는 버림받은 자들이다.

이상과 같은 바르트의 예정론은 하나님의 예정을 예수 그리스도 사건과 동떨어진 어떤 추상적인 어두컴컴한 알 수 없는 하나님의 결의에 그 기초를 두지 아니하고, 하나님의 계획과 의지가 명백하게 계시된 예수 그리스도 사건에 그 기초를 두고 있다는 점에 큰 의의가 있다. 이것은 하나님의 모든 계획과 경륜을 예수 그리스도 사건에 초점을 두고 있는 많은 성경 기자들의 사상과 상응하는 신학적 관점으로 큰 의의가 있다. 예정론은 바르트라는 거대한 신학자를 통해 마침내 예수 그리스도 중심적인 예정론으로 그 방향이 크게 선회하는 전기를 맞게 되었다. 바르트의 예정론은 예정론을 예수 그리스도 중심으로 이해하고 이것을 복음의 총화로, 믿음의 사건으로 이해한 점에 큰 공헌을 남겼다.

Ⅳ. 예정론에 대한 바른 신학적 이해

한국 교회는 잘못된 예정론에 의해 많은 영향을 받고 그로 말미암은 피해도 상당히 심각하다. 장로교회 성도들 가운데 일부는 전도할 때 예정론을 전해서 오히려 역효과가 나는 경우도 드물지 않다. 그러면 예정론은 과연 무엇을 언급하고자 하는 교리인가?

1. 무시무시한 하나님의 이중예정 교리는 잘못되었다.

로마서 9장의 토기장이의 비유는 무시무시한 이중예정을 위한 말씀이 아니다. 하나님이 주권으로 예수 그리스도에 대한 믿음을 통해 이방인을 하나님의 백성으로 삼기로 작정하셨다는, 이방인을 선택하고자 하시는 하나님의 주권적 예정을 위한 말씀이다.

전통적 예정론은 하나님의 무시무시한 이중예정을 위한 성경적 근거로 로마서 9장의 토기장이 비유를 사용했다. 그런데 이 토기장이의 비유를 일군의 무리를 지옥으로 예정했다는 잘못된 예정론의 근거로 사용되면 절대로 안 된다. 왜냐하면 이 비유는 하나님의 절대주권을 강조하기 위한 비유임에는 틀림없지만, 로마서 9장을 쓴 바울은 일군의 무리가 지옥으로 예정되었다는 것을 전하기 위해 하나님의 절대주권을 사용하고 있는 것이 아니기 때문이다. 바울은 이 비유를 저주의 백성이었던 이방인들을 하나님이 전적으로 그분의 주권에 의해 예수 그리스도를 믿는 믿음을 의로 여기고, 하나님의 택한 백성으로 삼기로 작정했다고 해서 감히 하나님을 힐문할 수 있느냐는 의도의 비유로 사용하고 있기 때문이다. 즉, 이 본문은 하나님이 자기 백성 아닌 자를 자기 백성으로 부르시기로 작정했는데 이에 대해 아무도 항변할 수 없다는 것을 말하려는 데 초점이 있다.

하나님이 아브라함의 육신의 자녀를 하나님의 백성으로 보지 아니하고, 예수 그리스도를 예정하시고, 이 예수 그리스도를 믿는 자는 유대인이건 이방인이건 하나님의 백성으로, 참된 약속의 자녀로 작정했다고 해서, 네가 뉘기에 감히 하나님의 계획에 대해 왈가왈부 할 수 있느냐 하는 것이 로마서 9장을 쓴 바울의 의도이다. 그러므로 로마서 9장은 전통적 예정론자들이 생각했던 것처럼 무시무시한 이중예정을 전하려는 본문이 아니라 하나님의 참되고 영원한 예정인 예수 그리스도를 통해 만민을 구원하고자 하신 하나님의 은총의 복음을 전하기 위한 본문이다.

로마서 9장의 내용을 더욱 자세히 이해하기 위해서 우리는 초대교회가 처해 있었던 매우 중요한 문제를 깊이 고려하지 않으면 안 된다. 초대교회는 이방인들도 하나님의 백성일 수 있는가라는 문제에 심각하게 부딪히고 있었다. 사도행전 10장에 기록되어 있는, 욥바 성에서 베드로가 경험한 환상은 이 문제의 중요성과 깊이 관련되어 있는 환상이다. 하늘에서 내려온 큰 보자기 속에는 네 발 가진 짐승과 기는 것과 공중의 나는 것들이 들어 있었다. 베드로는 속되고 깨끗지 않은 것은 먹을 수 없다고 버티고 있었고 하늘에서 들려온 소리는 하나님께서 깨끗케 한 것을 네가 속되다고 하면 안 된다는 말씀이었다. 이 일이 있는 직후에 베드로는 이방인 고넬

료가 보낸 사람을 접하게 되었고 고넬료의 집에서 베드로는 성령이 고넬료를 비롯한 이방인들에게 임하는 것을 똑똑히 보게 된다(행 10:45-46). 이 사건은 이방인들도 예수 그리스도를 믿으면 하나님의 백성이 된다는 것을 가르쳐 주는 매우 중요한 사건이었다.

그러면 왜 이 사건이 계시될 필요가 있었고, 또한 사도행전을 기록한 누가는 이것을 왜 길게 보도하고 있을까? 그것은 이방인들이 하나님의 백성이 될 수 있다는 것은 상상을 초월하는 너무나 파격적인 일이었고, 사람의 생각을 뛰어넘는 하나님의 주권적 결단에 기인한 것으로 특별히 오랫동안 선민사상에 젖어 있었던 유대인들로서는 쉽게 받아들일 수 없는 일이었기 때문이다.

로마서 9장에서 바울은 바로 이 하나님의 주권적 결단에 기인한 파격적인 은총의 사건을 기술하고 있다. 바울에 의하면 하나님은 그분의 결단에 따라 야곱은 사랑하시고 에서는 미워하실 수 있는 분이시다(롬9:12). 그분이 그렇게 하셨다고 해서 아무도 그분의 주권에 왈가왈부 할 수 없다. 왜냐하면 그것은 토기장이의 주권에 전적으로 속하기 때문이다. (롬9:20-21). 그런데 그 하나님께서 그분의 주권으로 이방인들을 사랑하시기로 작정했다고 해서 누가 감히 하나님을 힐문할 수 있겠는가! 바울에 의하면 이제는 하나님의 주권으로 육신의 아브라함의 씨가 아니라, 예수 그리스도에 의해 믿음으로 태어나는 약속의 자녀가 참된 하나님의 백성이 되게 되었다.

"이스라엘에게서 난 그들이 다 이스라엘이 아니요 또한 아브라함의 씨가 다 그 자녀가 아니라 오직 이삭으로부터 난 자라야 네 씨라 칭하리라 하셨으니 곧 육신의 자녀가 하나님의 자녀가 아니라 오직 약속의 자녀가 씨로 여기심을 받느니라" (롬9:6-8). "이 그릇은 우리니 곧 유대인 중에서 뿐 아니라 이방인 중에서도 부르신 자니라 호세아 글에도 이르기를 내가 내 백성 아닌 자를 내 백성이라, 사랑치 아니한 자를 사랑한 자라 부르리라"(롬9:24-25).

바울에 의하면 하나님께서 자기 백성 아닌 자를 자기 백성으로 부르기로 작정했다는 것이다. 그런데 그 백성은 유대인과 이방인으로 구성되는데 육신의 아브라함의 자손이 아닌, 약속에 의해서 생겨나는 새로운 백성이라는 것이다. 이것은 너무나 충격적인 일이지만, 그러나 바로 이 충격적이고 놀라운 일이 하나님의 주권적 결단에 의해 일어나게 되었다는 것이 로마서 9장에서 바울이 전하고자 하는 내용의 핵심이다.

그러면 이 충격적이고 놀라운 일의 내용은 무엇인가? 그 내용은 바울에 의하면 하나님에 의해 일어난 은총의 사건인데, 곧 예수 그리스도를 믿는 믿음을 의로 여기고 유대인뿐만 아니라 이방인까지도 하나님의 백성으로, 의롭다 함을 받는 사람들로, 하나님의 자비와 구원의 그릇으로 삼기로 했다는 것이다. 이 내용이 로마서 9장 뒷부분과 로마서 10장에 걸쳐서 자세히 기록되고 있다. "그런즉 우리가 무슨 말 하리요 의를 좇지 아니한 이방인들이 의를 얻었으니 곧 믿음에서 난 의요"(롬9:30). "저를 믿는 자는 부끄러움을 당치 아니하리라"(롬9:33). "그리스도는 모든 믿는 자에게 의를 이루기 위하여 율법의 마침이 되시니라"(롬10:4). "믿음으로 말미암는 의는"(롬10:6).

바울에 의하면 이 하나님의 놀라운 은총을 받는 길은 유대인이건 헬라인이건 하나님 자신에 의해 이룩된 놀라운 구원의 사건인 예수 그리스도를 믿는 것이다. "누구든지 저를 믿는 자는 부끄러움을 당하지 아니하리라 하니 유대인이나 헬라인이나 차별이 없음이라"(롬10:11). "네가 만일 네 입으로 예수를 주로 시인하며 …
네 마음에 믿으면 구원을 얻으리니"(롬10:9). "누구든지 주의 이름
을 부르는 자는 구원을 얻으리라"(롬10:13).

그러므로 로마서 9장–10장은 무시무시한 하나님의 이중예정
을 전하기 위한 본문이 아니고 예수 그리스도를 믿는 자는 하나님
의 백성이 된다는 복음을 전하기 위한 본문이다. 이 본문은 운명
론적이고 기계론적인 예정론을 뒷받침하는 본문이 아니고 예수 그
리스도를 향한 믿음의 결단을 호소하는 본문이다. 즉, 예수 그리
스도를 믿는 자는 유대인이건 헬라인이건 하나님의 택한 백성이 된
다는 예수 그리스도 안에 나타난 은총의 총화를 전하는 본문인 것
이다. 이 점에 있어서 바르트의 예정론은 전통적 칼뱅주의의 이중
예정론보다 바울의 정신에 더 깊이 접맥되어 있다고 평가할 수 있
다.

2. 예정론은 복음의 총화이다.

예정론은 복음의 총화이다. 하나님은 영원 전에 지옥에 갈 사
람의 명단을 작성하고 계셨던 것이 아니고 유대인과 이방인 모두를
살리기 위한 위대한 역사를 예비하고 계셨다. 하나님의 주권에 의
해 작정된 이 하나님의 위대한 역사는 인간을 향한 하나님의 주권
적 자비를 의미하는 역사였다. 하나님은 인간의 죄악에도 불구하
고 인간을 건지는 위대한 역사를 영원 전에 이미 예정하고 계셨다.

영원 전에 일어났던 이 하나님의 영원한 예정은 예수 그리스
도의 사건이었다. 하나님은 영원 전부터 예수 그리스도를 통해 만

민의 죄를 담당하시고 인간을 구원하시기로 작정하셨다. 즉 영원 전부터 하나님은 예수 그리스도를 통해 우리를 구원하시기로 작정하셨다. 그러므로 예정론의 핵심은 복음이고, 복음의 총화가 예정론이다. 즉 예정론은 하나님이 "창세 전에 그리스도 안에서 우리를 택하시 우리로 사랑 안에서 그 앞에 거룩하고 흠이 없게 하시려고 … 예수 그리스도로 말미암아 자기의 아들들이 되게 하셨으니" (엡 1:4-5)라는 복음 중의 복음을 전하려는 교리이다. 예정론은 하나님이 예수 그리스도를 통해 우리에게 속죄함을 주시고(엡1:7), 하늘과 땅에 있는 모든 것이 그리스도 안에서 통일되고 영원한 그리스도의 몸이 되게 하고자 하신 하나님의 비밀의 경륜(엡1:9)을 설명하는 교리이다.[13]

3. 예정론은 선행하는 하나님의 은총을 전하는 교리이다.

예정론에 대한 매우 잘못된 이해는 예정론이 인간의 자유의지를 해친다고 생각하는 것이다. 그런데 예정론은 인간의 자유의지를 해치기 위한 교리가 아니다. 예정론은 선행하는 하나님의 은총을 전하려는 데 핵심이 있는 교리다. 에베소서 1장 1절이 언급하는 그대로 우리는 그리스도 안에서 하나님의 뜻에 따라 예정을 입었다. 이 예정은 "구원의 복음을 듣고" (엡1:13) "믿는" (엡1:13) 인간의

---

13) 따라서 에베소서 1장의 내용과 로마서 9장의 내용 사이에는 아무런 신학적 차이가 없다. 이 두 본문은 모두 예수 그리스도 안에서 작정된 하나님의 위대한 경륜을 설명하는 본문이다.

행위를 통해 구현된다. 그러면 이 하나님의 예정이 구현되는 것은 운명론적으로 기계적으로 일어나는가? 그렇지 않다. 전통적 예정론은 이 과정을 거의 운명적으로, 기계적으로 설명했는데, 바로 여기에 근본적인 잘못이 있었다. 우리는 이 예정이 어떻게 구현되는가를 알기 위해 다음의 예를 생각해 보자.

어떤 초라한 시골에 한 처녀가 살고 있었다. 그런데 덕망 있고 용모가 수려해서 백성들의 존경을 받는 그 나라의 왕자가 이 처녀를 사랑하게 되었다. 이 처녀를 사랑한 왕자는 임금님과 의논해서 이 처녀를 아내로 맞이하기로 결정했다. 어느 날 왕자는 이 초라한 시골로 그 처녀를 찾아가서 사랑을 고백하고 왕궁으로 갈 것을 청했다. 이 때 이 처녀는 어떠한 반응을 할 수 있겠는가? 이 왕자의 청을 기쁜 마음으로 받아들이고 왕궁으로 따라가는 경우를 생각할 수 있을 것이다. 그러나 왕자의 청을 거절하고 왕자에게 무안을 줄 수도 있을 것이다. 거절하는 것은 그 처녀의 자유이다. 그러나 이렇게 거절당한 왕자는 거절당했음에도 불구하고 인격과 덕망이 높은 분이기 때문에 처녀를 기다리며 계속 환심을 사기 위해 노력한다. 그런 과정이 반복되는 동안 마침내 처녀는 왕자의 사랑에 감동하고 그의 인격과 수려한 용모에 사로잡혀 왕자를 사랑하게 되고 마침내 왕자의 아내가 되었다.

그러면 이 처녀가 왕자비가 된 것은 무엇 때문인가? 처녀가 어느 날 결정을 잘했기 때문인가? 그렇지 않다. 이 처녀에 대한 선행하는 왕자의 사랑과 왕궁에서 작정된 결정 때문이다.

예정론은 바로 이처럼 선행하는 하나님의 사랑과 은총을 전하려는 교리이다. 우리가 그리스도의 복음을 듣고 믿어 하나님의 자녀가 된 것은 어느 날 우리가 결정을 잘했기 때문이 아니라 하나님이 먼저 우리를 사랑하고, 찾아오고, 부르셨기 때문이다. 바로 이 선행하는 하나님의 사랑과 부르심을 언급하고자 하는 것이 예정론이다.

4. 예정론은 신앙의 우연성과 무상성을 반대하는 교리이다.

몰트만(J. Moltmann)에 의하면 예정론은 신앙의 우연성(Zufälligkeit)과 무상성(Hinfälligkeit)를 반대하는 교리이다.[14] 예정론은 우리의 신앙이 기계적으로 얻어지는 것 같은 기계론적인 관점에서 언급되면 절대로 안 된다. 왜냐하면 그것은 인간의 자유의지를 그 근원에서부터 파괴하는 심각한 결과를 낳기 때문이다. 예정론은 우리가 우리의 자유로운 결정에 의해 신앙을 갖게 되었지만 그러나 그것은 결코 우리의 우연한 결단에 의한 것이 아님을 밝히는 교리이다. 즉 선행하는 하나님의 사랑과 선택 때문에 우리를 향한 하나님의 뜨거운 은총의 부르심 때문에 결국 우리가 신앙을 갖게 되었다는, 그리스도 안에 나타난 선행하는 하나님의 은총을 전하는 교리이다. 예정론은 우리의 신앙이 우연에 의한 것이거나 원래 우리 안에 근거하고 있는 것이 아니고 하나님 안에 근거하

---

14) 20C에 들어와서 예정론은 K. Barth와 J. Moltmann이라는 두 명의 신학의 거장을 통해 매우 복음적인 예정론으로 발전하게 된다. Moltmann은 1964년의 『희망의 신학』으로 알려지기 이전에는 칼뱅주의 신학 연구에 상당한 시간을 바쳤고 이때 예정론에 대해서도 대단히 중요한 업적을 남겼다. 예정론과 관련된 Moltmann의 중요 작품은 다음을 참고하라. J. Moltmann, "Präestination und Heilsgeschichte bei Moyse Amyraut", in : *Zeitschrift der Kirchengeschichte 65/66* (1953/54), pp.270-303. 동저자, *Prädestination und Perseveranz* (Nenkirchen: 1961).

고 있음을 밝히는 교리이다.

그러나 이 하나님 안에 근거하고 있는 하나님의 예정은 결코 기계론적으로 발생하는 어떤 것은 아니다. 하나님의 불가항력적 은혜란 하나님의 사랑의 불가항력성을 의미하는 것이지 기계적인 수수작용으로 이해하면 안 된다. 앞서 언급한 비유에서 이해할 수 있는 것처럼 불가항력적 은혜란 왕자의 사랑의 깊이의 불가항력성을 의미하는 것이다. 즉, 왕자의 사랑이 너무나 지극하고 깊기 때문에, 이 사랑이 너무나 불가항력적이기 때문에 마침내 그 처녀는 그 사랑에 감동되어 자신의 자유의지로 왕자의 아내가 되기로 결정한 것이다.

또한 예정론은 신앙의 무상성을 반대하는 교리이다. 전통적 예정론에서 강하게 강조되는 성도의 견인이라는 개념도 결코 기계론적으로 이해하면 안 된다. 성도의 견인이란 하나님의 사랑이 변치 않음을 표현하는 교리이다. 몰트만에 의하면 예정론은 신앙의 우연성과 무상성을 반대하는 교리인 동시에 하나님의 사랑의 신실성(Treue)을 표현하는 교리이다.

"내가 확신하노니 사망이나 생명이나 천사들이나 권세자들이나 현재 일이나 장래 일이나 능력이나 높음이나 깊음이나 다른 아무 피조물이라도 우리를 우리 주 그리스도 예수 안에 있는 하나님의 사랑에서 끊을 수 없느니라"(롬 8:38-39). 예정론은 우리 주 예수 그리스도 안에 있는 하나님의 사랑의 신실성에 대한 고백이다. 이 하나님의 사랑의 신실성 때문에 우리의 신앙은 무상하게 사라지지 않는다. 예정론은 우리에게 어떠한 위급한 상황이 닥친다 해도 그리스도 예수 안에 있는 하나님의 사랑이 우리를 끝까지 지켜주실 것이라는 그리스도 예수 안에 있는 하나님의 사랑의 깊이를 표현하는 교리이다. 이 하나님의 사랑의 신실성에 대한 표현이 전통적 예정론에서 기계론적 경향을 많이 나타낸 것이 잘못이었다.

V. 예정론과 인간의 기도에 대한 칼 바르트의 견해

예정론의 문제는 구원에 관한 문제에만 심각한 문제를 일으키는 것이 아니고 성도들의 삶 전체에 영향을 미친다. 모든 것이 예정되어 있다면 인간이 기도하는 것이 무슨 의미가 있을까? 나의 기도의 소원과 하나님의 예정이 다르면 나의 기도의 소원은 결국 부서질 것이다. 가장 경건하고 훌륭한 기도는 하나님의 뜻에 맞추어서 기도하는 것일 것이다.

교의학의 신론의 전통적 항목 가운데 하나님의 불변이라는 항목이 있다. 하나님의 불변은 하나님의 변치 아니하심을 의미하는데 이것이 기도와 관련을 맺을 때에 심각한 문제가 종종 발생한다. 이 문제는 특히 예정론과 관련을 맺게 되면 더욱 심각한 문제가 발생한다. 그 심각한 문제는 하나님의 뜻과 계획이 불변이라면 인간이 기도하는 것이 무슨 의미가 있는가 하는 문제이다. 한국의 많은 교회에서 가장 지고한 기도는 내 욕망을 관철시키는 기도가 아니고 기도를 통해 하나님의 뜻과 계획을 알고 이 하나님의 뜻과 계획에 자신을 굴복시키는 것이라고 가르치고 있다. 예수의 겟세마

네 동산에서의 기도가 바로 지고한 기도의 상징이라는 것이다. "내 뜻대로 마옵시고 아버지의 뜻대로 하옵소서"(마26:39). 나의 개인적인 욕망이 산산이 부서지고 하나님의 거룩한 뜻이 이루어지는 것, 바로 이것이 우리가 기도를 통해 얻어지는 가장 지고한 신앙의 단계라는 것이다.

그런데 문제는 교회에서 이렇게 기도에 대해 가르치면 너무나도 그 가르침이 고상하고 높은 차원인 것 같아서 그 가르침에 이의를 달 수는 없어도 무언가 가슴 답답함을 금할 길 없다는 데 있다. 고상한 기도에 대해 가르침을 받으면 받을수록 결국 나 자신을 부인하고 나의 세속적인 꿈과 희망을 포기해야 하는 것이 신앙의 길로 드러나게 된다. 최근에 한국 교회 안에서 많은 영성 훈련들이 행해지고 있는데 이 영성수련에도 유사한 문제가 종종 발생한다. 지고한 영적인 단계는 자신을 부인하고 하나님의 뜻에 자신을 일치하는 단계라는 가르침이 그것이다. 그런 까닭에 지고한 차원의 기도는 세속적인 자신을 철저히 부정하고 하나님께서 원하시는 제자의 길을 받아드리는 것이다. 이와 같은 영성은 가톨릭교회의 수도원 전통 속에 깊이 존재하고 있었다.

우리는 이와같이 교회 역사적인, 그리고 신학적인 배경을 깊이 생각하면서 바르트의 가르침을 읽어나가야 한다. 그때 비로소 우리는 바르트의 가르침의 독특성과 위대성을 깨닫게 된다. 바르트에 의하면 하나님의 불변은 석고상 같은 무감각이나 움직일 수 없음을 의미하는 것이 아니다. 칼뱅주의 예정론에 의하면 영원 전에 결정한 하나님의 예정이 인류 역사를 지배하는 주요인이다. 그런 까닭에 하나님께서 나를 선교사로 예정하셨다면 나는 예술가가 되고 싶은 꿈을 미리 접어야 한다. 내가 예술가가 되기 위해 노력하는 것은 달걀로 바위를 치는 일이고 무망한 일을 시도하는 것이다. 그런 시도를 하면 나 자신만 깨지고 다칠 뿐이다.

그런데 바르트에 의하면 하나님은 죽어 있지 않고 살아계신다. 하나님께서 살아계신다는 말은 하나님과 인간과의 관계가 만남이요 역사라는 것을 뜻한다.[15] 하나님과 인간과의 관계는 고정된 것이 아니라 열려 있다. 고정된 것이 아니라 열려있다는 말이 바로 하나님과 인간과의 관계가 만남과 역사라는 말의 뜻이다. 바르트에 의하면 열려있지 않고 움직이지 않는 것은 죽은 것이다.[16]

바르트는 기도가 살아계신 하나님에 대한 기도라고 보았다. 하나님의 살아계심과 자유에 근거해서 신자의 기도를 통한 하나님의 결정하심이 존재한다.[17] 하나님과 인간과의 관계는 만남이요 역사이기 때문에 기도를 통해 인간이 하나님의 뜻을 알고 하나님의 뜻에 복종하는 신앙의 행위가 일어난다. 그러나 동시에 하나님께서 인간의 뜻을 알고 인간의 기도를 근거해서 하나님께서 결정하시는 결정하심이 존재한다. 바르트에 의하면 하나님의 계획은 인간의 기도보다 앞서기도 하지만 또한 인간의 기도에 뒤따르기도 한다.[18] 인간의 기도는 하나님의 계획과 의지 속에 포함된다.[19]

겟세마네 동산에서의 예수의 기도는 하나님의 뜻을 예수께서 받아들이는 일일 것이다. 우리는 기도를 통해 하나님의 뜻을 알고 내 자신의 세속적 욕망을 버리고 하나님의 뜻을 받아들이는 신앙

---

15) *KD II/1*. 565.

16) *KD II/1*. 309

17) *KD II/1*. 579.

18) *KD III/4*. 111.

19) *Ibid*.

의 행위를 할 수 있다. 이 신앙의 행위는 칭찬할 만하고 거룩한 행위이다. 그러나 중요한 것은 기도는 양면적인 특징이 있다는 점이다. 하나님과의 만남을 의미하는 기도는 하나님으로부터 인간으로 향하는 방향만 있는 것이 아니고 인간으로부터 하나님으로 향하는 방향도 존재한다. 그리고 이 후자는 기도의 부수적인 것이 아니고 본질적인 것이다. 기도의 시간은 하나님께서 인간의 말을 듣기 위해 기다리고 계시는 시간이다.

그러면 기도를 통해 하나님의 뜻이 변경될 가능성이 있을까? 기도가 참으로 힘을 얻으려면 이 가능성이 있어야 한다. 과연 어느 신학자가 이 가능성에 긍정성을 표할 수 있겠는가? 그런데 놀랍게도 바르트는 이 가능성에 대해 명백히 긍정을 표했다. 하나님께서 인간의 기도에 의해 당신의 뜻을 바꾸신다는 것이다. "하나님께서 우리의 기도를 들으시고 하나님의 뜻을 바꾸시는 것, 곧 하나님께서 인간의 청에 순복하신다는 사실은 그의 약함의 상징이 아니다. 하나님은 자신의 장엄하심과 위엄의 영광 속에서 기꺼이 그렇게 하시기를 원하셨고 또 원하시고 계신 것이다… 그 속에 그의 영광이 존재하고 있다."[20] 하나님의 전지전능하심과 무소부재하심은 인간의 간절한 소원에 의해 하나님의 뜻을 일부 바꾸었다 해서 그 위엄이 손상되는 것이 아니다. 하나님께서는 인간의 새로운 소원을 들으면서도 그의 전지전능하신 위엄을 얼마든지 드러내실 수 있다. 이때 그의 위엄은 간절한 소원을 청한 인간에 의해 더욱 끊임없는 감사의 대상이 될 것이다. 바르트에 의하면 하나님께서 인간의 기도를 들으시고 뜻을 바꾸시는 것은 그의 약함이 아니라 철저하게

---

20) K. Barth, *Prayer* (Philadelphia: Westminster Press, 1985), 35. 이 책은 D. E. Salier가 편집하고 S. F. Terrien이 영문으로 번역한 책이다.

그의 위대하심이다.

하나님께서 인간의 기도를 들으시고 그 뜻을 바꾸신 중요한 예를 우리는 히스기야에서 찾아볼 수 있다. 하나님께서는 히스기야의 기도를 들으시고 그의 생명을 15년 더 연장하셨다. 이 경우 하나님께서 뜻을 바꾸셨다 해서 과연 하나님의 신성과 위엄에 손상이 온다고 할 수 있을까? 바르트의 신학적 관점에 의하면 하나님의 신성과 위엄에 손상이 오는 것이 아니고 오히려 신성과 위엄의 영광이 한층 더 증대된다. 히스기야는 하나님의 긍휼과 자비를 더욱 깊게 느꼈을 것이고 하나님의 이름은 히스기야를 통해 더욱 송축될 것이다.

바르트는 루터의 말을 인용하면서 인간이 기도하지 않는 것은 하나님을 화나게 하는 것이라고 말했다.[21] 하나님께서는 인간의 기도를 들어주시고 그것을 통해 인간이 하나님께 감사하기를 원하시는 신이시다. 하나님께서는 인간의 감사를 받기를 원하신다. 바르트의 신론에서 매우 중요한 것은 하나님께서 인간을 원하시고, 인간과 깊은 사귐과 관계를 맺는 것을 기뻐하시고, 인간을 통해 감사와 영광을 받기를 간절히 기다리신다는 점이다.

바르트의 신학은 후기로 갈수록 이와 같은 하나님의 모습이 더욱 진하게 나타나는데, 이는 바르트가 예수 그리스도 안에서 하나님을 발견하면서 이를 더욱 심화시키면서 깨닫게 된 하나님의 모습이다. 예수 그리스도 안에서 하나님은 인간이 되시고, 인간적인 언어와 인간적인 관계로 인간을 만나시고, 살리시고, 이 인간과 함께 영원히 사랑하면서 사시기를 원하신다는 사실을 바르트는 깊이

---

21) *Ibid*, 36.

깨달은 것이다. 인간을 사랑하고 싶어서, 그리고 인간의 사랑을 받고 싶어서 세상에 오시고 말할 수 없는 고난을 겪으신 하나님을 바르트는 예수 그리스도의 십자가 속에서 발견했다. 그래서 바르트의 후기 신학의 집대성이라고 할 수 있는 그의 『교회교의학』 화해론에서는 하나님께서는 인간을 갈구하신다(begehren)라는 표현까지 사용했다.

이미 언급했듯이 예수 그리스도 안에서 발견한 "하나님의 인간성"은 후기 바르트 신학의 대주제이다. 하나님은 인간을 자신의 동반자(Partner)로 선택하셨고, 이 인간과 함께 사시고 일하시기를 원하시는 신이시다. 하나님은 인간이 로봇이나 기계처럼 반응하는 것을 원치 않으신다. 하나님은 자유로운 인간이 그의 모든 자유 가운데서 하나님을 선택하고 하나님의 사랑에 반응하고 하나님께 감사와 영광을 돌리기를 원하신다. 하나님을 향한 인간의 진정한 사랑은 인간의 완전한 자유가 전제되지 않고서는 불가능하다.

바르트에 의하면 하나님과 인간과의 관계는 만남이요 역사이다. 인간을 로봇으로 보는 신학은 잘못된 신학이고 예수 그리스도의 계시와 충돌된다. 하나님은 인간을 만나시고, 인간의 기도를 들으시고, 또한 그 기도에 응답하시기를 원하신다. 그런 까닭에 예수께서는 기도하다가 결코 낙망하지 말기를 권하셨다(눅18:1-8). 기도의 포기는 비신앙의 자세로서 위로받을 길 없는 행위이다.[22] 기도란 인간이 사는 길이고, 하나님께서 기뻐하시는 일이고 하나님과 인간 사이에 끊임없는 기쁨과 감사가 일어나는 통로이다. 하나님께서는 인간이 원하시는 것을 들어주시고, 인간이 기뻐하는 것

---

22) *KD II/1*, 575.

을 보고 즐거워하시고 인간의 감사를 통해 더욱 기뻐하신다.

하나님께서 인간의 기도를 통해 자신의 뜻을 바꾸실 수 있다는 것은 인간의 자유를 통한 하나님의 영광이라는 바르트 신론의 대주제와 관련되어 있다. 물론 인간의 자유에는 위험성이 있다. 그러나 하나님께서는 인간의 자유로 말미암는 위험까지도 자신의 것으로 받아들이면서 그 길 위에서 인간을 구원의 길로 인도하신다. 바르트는 예수 그리스도의 십자가 안에서 이 하나님을 발견한 것이다. 하나님의 진정한 전능하심은 인간에 대한 끊임없는 사랑 때문에 겪으시는 그의 고난 한 가운데 있다. 하나님은 인간의 자유가 만드는 고난까지도 자신의 것으로 감당하시면서 인간을 살려내고 있는 것이다.

그렇다면 하나님의 불변이란 무슨 뜻일까? 인간의 자유 때문에 하나님의 계획까지도 바뀔 수 있다면 하나님의 불변이라는 말은 잘못된 말이 아닐까? 바르트에 의하면 하나님의 후회하심은 명백히 존재한다.[23] 이스라엘의 역사 속에 후회하시는 하나님의 모습은 도처에 계시되어 있다. 인간의 죄악은 하나님의 후회하심을 만든다. 그러나 중요한 것은 인간의 죄악에도 불구하고 하나님께서는 새로운 구원의 길을 만드신다는 점이다. 하나님의 불변하심은 그분의 인격성의 불변을 의미한다.[24] 즉 하나님의 사랑과 은총 및 약속의 불변을 의미한다. 인간을 향한 하나님의 사랑이 변치 않는다는 말이다. 인간의 죄악에도 불구하고 인간을 사랑하시는 하나님의 사랑이 십자가에 계시되어 있다. 하나님의 불변은 석고상 같은 무감각, 움직일 수 없음을 의미하는 것이 아니고 하나님의 사랑의

---

23) *KD IV/1*. 558 ff.

24) *KD II/1*. 583.

불변, 그분의 약속과 인격성의 불변을 의미한다.

민수기 23장 19절에 "하나님은 인생이 아니시니 식언치 아니하시고"라는 말씀이 기록되어 있다. 인간과 하나님의 근본적 차이를 언급하는 본문이다. 인간은 거짓말을 하고 말을 바꾸지만 하나님은 그렇지 않다. 인간을 향한 하나님의 약속은 영원히 변치 않으신다. 하나님의 불변을 하나님의 완고함으로 이해하면 안 된다. 하나님은 인간에 대한 사랑 때문에 한없이 약해지시고 심지어는 자신의 계획까지도 수정하신다. 그러나 영원히 변치 않는 것이 있는데 그것은 인간을 향한 하나님의 사랑이고, 인간을 구원하겠다는 하나님의 의지이다. 하나님께서는 은혜로우시고, 자비하시고 의로우시고, 오래 참으신다는 것, 더 나아가서 영원히 하나님께서 우리의 구원자요 주님이라는 것이 불변이다.[25] 하나님의 인격은 반석 같아서 우리가 영원히 믿고 의지할 수 있는 불변의 구원의 성이시다.

결 언

우리의 신앙은 결코 우연적인 것이 아니다. 우리의 신앙이 우연히 어느날 결정을 잘했기 때문이라고 믿는 사람은 신앙의 본질에 대해 정확히 인식하고 있지 못한 사람이다. 전통적 예정론이 우리의 신앙이 하나님의 선택에 근거하고 있다고 주장한 것은 매우 잘한 것이다. 그러나 전통적 예정론은 하나님의 예정을 기계론적인

---

25) *KD III/4*. 120.

경향으로 언급함으로 말미암아 하나님의 예정과 인간의 자유의지 사이에 심각한 갈등상황을 야기시켰고 복음전파의 진지함을 파괴시킬 여지를 남겨 놓게 되었다.

또한 전통적 예정론은, 그 신학적 기초를 어두컴컴하게 느껴지는 알 수 없는 하나님의 영원 전의 결의에 둠으로 말미암아 예수 그리스도 안에 나타난 하나님의 의지와 충돌되는 간과할 수 없는 심각한 문제를 야기시켰다. 이와 같은 전통적 예정론의 오류는 바르트와 몰트만으로 이어지는 20C의 위대한 개혁교회의 신학자들에 의해 크게 수정되어 매우 복음적이고 성경적인 예정론으로 발전하게 되었다.

예정론은 기계론적인 어떤 것이 아니고 하나님의 선행하는 은총을 표현하는 교리이고 신앙의 우연성과 무상성을 반대하는 교리이다. 예정론은 예수 그리스도 안에 나타난 하나님의 사랑의 신실성과 변치 않음을 나타내는 교리이다. 예정론은 사변적이고 추상적인 어떤 교리가 아니다. 예정론은 신앙의 깊이와 무게를 더하는 교리로서 예수 그리스도 안에 나타난 하나님의 은총과 사랑과 계획과 경륜을 그 중심에 담고 있는 복음의 핵심을 표현하는 교리이다.

제 **2** 부

죽음 이후에는
어떻게 될까?

제 3 장

영혼과 육체의 분리가
죽음일까?

– 오늘의 뇌 과학, 양자역학 및
임사체험과 성경과의 대화 –

서 언

플라톤(Platon) 이래로 서양 철학은 인간은 영혼과 육체로 구성되어 있다고 믿었다. 그리고 영혼과 육체가 분리되는 순간을 죽음의 순간이라고 생각했다. 이 플라톤과 대립되는 인간이해는 서양의 철학사에서 대표적으로 데모크리토스(Democritos)에게서 발견되는 원자론이다. 데모크리토스는 인간은 물질인 원자로 구성된 존재라고 주장했다. 플라톤이 이원론적 인간 이해를 주장했다면, 데모크리토스는 일원론적 인간 이해를 주장한 것이다.

서양의 세계에 기독교가 전파되고 기독교가 서양의 정신세계를 지배하게 되면서 성경적 인간 이해와 공명하는 것으로 보이는 플라톤의 사상은 높이 평가되었고, 반면 데모크리토스의 사상은 이단적 사상으로 평가되어 억제되었다. 그러나 계몽주의 시대 이후 서양 세계에 과학이 빌진하면서 분위기는 달라지기 시작했다. 득히 19세기 후반부터 진화론이 발전하고, 진화론이 세계를 휩쓸면서 데모크리토스의 원자론은 현대 과학의 옷을 입고 찬란하게 빛나게 되었다.

오늘날 세계의 과학자들은 세상이 물질로만 구성되어 있다고 믿고 있다. 이원론적 인간 이해는 더 이상 과학계에서는 존속할 수 없는 옛 시대의 인간 이해로 규정하고 있다. 인간에게는 영혼은 없고, 인간의 의식은 뇌의 세포의 시냅스 사이의 전기 반응에서 창발된 것(emergence)으로 보고 있다. 이 현대 과학의 놀라운 연구 때문에 신학자들까지도 성경을 현대 과학의 안경을 쓰고 재해석하기 시작했고, 성경의 인간 이해도 일원론적이라는 주장을 하게 되었고, 이 주장은 세계의 학문적 신학 세계의 정설로 바뀔만한 힘을 갖는 놀라운 상황까지 등장하게 되었다.

그런데 최근의 상황은 변화되기 시작했다. 양자역학이 놀라웁게도 플라톤을 재발견하고 있다는 평가를 받기 시작했다. 양자역학에 무슨 일이 일어난 것일까? 뇌의 시냅스 사이의 전기반응에서 의식이 발생한다는 뇌과학자들의 주장은 아직 단 한 건의 실험적 증거를 발견하지 못했고, 오히려 인간에게는 영혼이 있는 것이 아닐까라는 추정이 가능한 실험 결과가 등장하고 있다. 오늘의 임사체험에 대한 학문적 연구는 영혼의 존재를 매우 확실히 입증해 가고 있다. 그렇다면 인간에게는 영혼이 있는 것일까? 영혼과 육체의 분리가 죽음이라고 언급한 전통적 기독교의 주장이 옳은 것이 아닐까?

I. 죽음의 문제와 인간론에 대한 오늘의 신학적 혼란

과학적 무신론이 지배하는 오늘의 시대에는 영혼을 언급하는 것이 매우 어렵다. 왜냐하면 과학적으로는 영혼이 없기 때문이다. 물질주의적 과학이 발전하고 과학적 무신론이 세계를 휩쓸면서 영혼은 과학의 영역에서 추방되었고, 철학과 종교의 영역에서도 생존이 매우 위태로와졌다. 과학철학이 발전하면서 철학계에서도 영혼은 생존의 영역이 매우 좁아졌고, 영혼을 언급했던 철학자들은 그 가치가 점점 감소하고 있다.

20세기 중엽에 등장한 쿨만(O. Cullmann)의 "영혼불멸인가 죽은 자의 부활인가?"(Unsterblichkeit der Seele oder Auferstehung der Toten?)라는 신학적 논문은 신학계에서도 영혼을 언급하면 안되는 이유를 밝힌 엄청난 영향을 미친 논문이었다. 쿨만은 이 논문에서 영혼불멸론은 기독교가 영혼불멸론이 널리 퍼진 희랍 지역에서 발전하면서 잘못 수용한 이론이라고 비판하면서 기독교의 복음은 영혼의 불멸이 아닌 죽은 자의 부활이라고 강력히 주장했다. 이 쿨만의[26] 논문은 인간에게는 영혼이 존재하고 죽음에서 인간의 영혼은 육체와 분리된다는 칼뱅(J. Calvin)과 개혁신학의 인간론과 종말론의 핵심적 기둥을 부수는 엄청난 주장이었다.

---

26) 오스카 쿨만 (O. Cullmann)은 스위스 바젤(basel) 대학교의 신학자였지만 루터파 신학자였다. 그의 신학 안에는 루터파 신학의 특징이 많은데, 특히 죽은 자들이 잠들어 있다는 그의 주장은 루터파 신학의 중요한 주장이다. 이 관점은 칼뱅과 개혁신학의 관점과 크게 대립한다.

쿨만 뿐만 아니라 20C의 매우 중요한 성경학자들이 인간의 전인성(The Whole Person)을 강조하면서 성경의 영혼이라는 개념은 유대주의적으로 해석해야지 희랍철학의 영혼 개념으로 해석하면 결코 안 됨을 강조했다. 유대주의적 개념으로서의 영혼은 호흡이라는 개념인데, 이를 그동안 희랍적 개념의 영혼으로 오랫동안 기독교회가 오해했다는 것이었다. 이들에 의하면 창세기 2장 7절의 "흙으로 사람을 지으시고 생기를 그 코에 불어넣으시니"의 본문에서 생기(nishpat/ neshama)는 영혼이 아니고 호흡인데 오랫동안 기독교회가 희랍철학의 영향을 받아서 영혼으로 해석했고 "살아 있는 존재"(living being)가 되었다는 것을 "살아 있는 영혼"(생령/living soul)으로 해석해서 이원론적 인간론을 만들었다는 것이었다.

구약에서 영이나 혼 등으로 번역된 단어들은 희랍철학의 영혼 개념이 아니고 생명이나 호흡의 의미라는 것이었다. 구약에서 하나님이 인간에게 영혼을 주셨다는 의미는 영혼을 주셨다는 의미가 아니고 호흡을 주셨다는 의미이다. 곧, 생명이 하나님으로부터 왔다는 의미라는 것이었다. 이를 하나님이 영혼을 인간에게 주시고 또 죽을 때 이 영혼이 인간의 육체를 떠난다는 의미로 해석하면 절대로 안 된다고 이들은 강력히 주장했다. 이 흐름에 엄청난 영향을 미친 대표적인 구약학자는 볼프(H. W. Wolff)였다. 그의 『구약성서의 인간학』(*Anthropologie des Alten Testamentes*)은[27] 한동안 구약성서의 인간론 연구의 표준적인 저서였다. 불트만(R. Bultmann)은 신약학 분야의 대표적 인물이었다.

---

27) 이 책은 문희석 번역으로 1976년 분도출판사에서 한국어로 출판했다.

한동안 신학자들은 영혼이 육체를 지니고 있다는 것을 비판하기 위해, "인간은 육체를 지니고 있는 것이 아니고, 인간이 육체이다"(Der Mensch hat nicht Leib, der Mensch ist Leib)라는 주장을 했고, 이 주장을 과거의 신학과 구별하는 자신들의 앞서가는 신학의 표현으로 자주 자랑했다. 이런 표현은 오늘의 무신론적 물질주의적 과학자들이 "너는 너의 육체이다"(You are your body)라는 말과 일치한다. 오늘의 무신론적 물질주의적 뇌과학자들은 "너의 뇌가 너 자신이다"(You are your brain)라고 주장하면서, 뇌의 전기반응이 인간임을 강조하고 있는데 기독교 신학이 거의 이런 무신론적 물질주의적 인간론을 받아들인 것으로 보인다.

　영혼은 없고, 전인으로서의 인간만 존재하기 때문에 기독교 신학은 개인의 죽음과 세상의 마지막 날의 부활 사이의 중간기의 문제를 언급하는 데 큰 어려움에 봉착했다. 전인으로서의 인간이 죽음을 맞이한다면 인간은 전체가 죽는 것(Ganztot/Total Death)이다. 그렇다면 죽은 인간은 부활의 날까지 어떻게 될까? 쿨만은 이 어려움을 극복하기 위해 그리스도 안에 잠들어 있다고 주장했다. 그리스도 안에서 잠들어 있다는 말의 의미는 죽은 자의 영혼이 천국에 있다는 말이 아니고, 죽은 자는 무덤 속에 그대로 있지만, 그의 존재를 그리스도께서 기억하고 있다는 말이다.

　그런데 이 주장의 결정적인 문제점은 죽은 자들이 천국에서 의식을 갖고 있는 것으로 추정되는 수많은 성경 구절과 충돌된다는 점이다. "우리가 담대히 원하는 바는 차라리 몸을 떠나 주와 함께 거하는 그것이라"(고후5:8). 이 본문은 육체를 떠나 천국에서 그리스도와 함께 거하는 영혼을 자연스럽게 떠 올리는 본문이다. "내가 그 두 사이에 끼였으니 떠나서 그리스도와 함께 있을 욕망을 가진 이것이 더욱 좋으나 그러나 육신에 거하는 것이 너희를 위하여 더 유익하니라"(빌1:23-24). 이 본문 역시 영혼이 몸을 떠나서 그리스도와 함께 의식을 갖고 있는 것을 의미한다. 쿨만의 전인의 죽음 및 죽은 자는 잠자는 상태에 있다는 주장은 바울의 세계관과 크게 충돌된다. 바울은 분명 전통적으로 교회가 가르친 이원론적 세계관을 갖고 있었던 것으로 보인다.

또 다른 해결책은 개인의 죽음의 순간이 세상의 마지막 순간이라는 해석이다. 이 해석은 죽음에서 인간은 영원한 세계로 가는데, 영원한 세계에서는 지상에서 경험하는 시간은 없을 것이라는 관점이다. 영원한 세계는 무시간 혹은 초시간의 세계이기 때문에 개인의 죽음의 순간이 세상의 마지막 순간과 연결되어 있을 것이고, 따라서 죽음의 순간이 세상의 마지막 순간이고 죽음에서 부활이 일어난다는 것이다.[28] 그런데 이 해석은 영원에 대한 사변에 기초하고 있기 때문에 생각은 해볼 수는 있어도 신학적으로 받아들이기 매우 어렵다. 왜냐하면 영원한 하나님에게 있어서도 세상의 마지막은 아직 미래이기 때문이다. 영원한 하나님에게 있어서도 세상을 창조하신 때가 있고, 역사를 마감하실 때가 있기 때문이다.

---

28) 이 주장은 칼 바르트(K. Barth)나 에밀 브룬너(E. Brunner) 같은 신정통주의 신학자들과 최근에는 죽음에서 일어나는 부활 이론을 강력하게 주장한 로핑크(G. Lohfink)의 글에 나타난다.

Ⅱ. 영혼이 없음을 입증한
스페리(R. Sperry)의 뇌 분리 실험[29]과
영의 세계를 밝혀낸 양자물리학의
거대한 도전

스페리는 노벨상을 받은 세계적 권위를 가졌던 뇌과학자였다. 그의 뇌분리 실험과 좌뇌와 우뇌의 기능의 차이의 발견은 뇌에 대한 과거의 환상을 없앴고, 인간 존재는 뇌에 불과하다는 무신론적 물질주의적 과학, 또한 이에 기초한 물질주의적 철학을 만드는 데 엄청난 영향을 미쳤다. 20C를 휩쓸던 물질주의적 인간 이해는 스페리의 뇌 분리 실험에 의해 거의 완벽한 인간에 대한 이해로 자리 잡게 되었다.

뇌 분리 실험은 매우 예외적인 경우에만 행해질 수 있다. 심한 간질 환자의 경우 한쪽 뇌에서 일어난 간질이 다른 쪽 뇌로 이전되었을 때 그 강도가 매우 심해 생명을 잃을 위험이 있을 때, 환자의 생명을 살리기 위해 좌뇌와 우뇌를 연결하는 신경 다발을 잘라야 한다. 뇌 분리 실험은 이 경우에만 이루어질 수 있다.

그런데 놀라운 것은 이렇게 뇌 분리가 이루어졌을 때, 인간에게 두 개의 의식이 존재한다는 것이다. 이 놀라운 것을 스페리는

---

29) 김명용, 『과학시대의 창조론』(서울: 온신학출판사, 2020), 46-55.

발견했고 세상에 알렸다.[30] 스페리에 의하면 뇌가 분리된 사람에게는 하나의 의식이 있는 것이 아니라 두 개의 의식이 있다. 좌뇌가 만드는 의식이 있고 우뇌가 만드는 의식이 있다. 스페리가 관찰한 바는 한 손은 지퍼를 내리려 하고, 또 한 손은 지퍼를 올리려고 하는, 두 개의 의식에 의해 일이나는 서로 다른 두 개의 행동이었다. 이 뇌 분리 실험을 통해 내린 스페리의 결론은 인간의 의식은 뇌 안의 세포 사이의 전기 반응, 그 이상도 아니고 그 이하도 아니다. 영혼은 존재하지 않고, 보이지 않는 자아가 있는 것도 아니다. 인간의 자아는 물질이고, 인간은 뇌일 뿐이다.

과거의 과학은 영혼이나 보이지 않는 세계는 과학의 영역이 아니라고 겸손하게 언급했다. 그러나 오늘의 과학은 물질 이외의 다른 것은 없다고 확신하고 있다. 스페리의 뇌 분리 실험은 영혼이나 보이지 않는 자아 같은 것은 없다는 것을 강력하게 뒷받침하는 실험이었다. 스페리 이후 세계의 과학과 세계의 철학은 물질만을 대상으로 하는 과학과 철학을 더욱 심도 있게 발전시켰고, 오늘날 인공지능(AI)이 인격을 가진 존재가 될 수 있다는 인식 배후에도 이 스페리의 실험이 존재하고 있다. 의식과 마음과 인격을 가진 인공지능과 함께 사는 시대를 미래의 진화적 단계라고 생각하고 이 시대를 신학과 교회가 대비해야 한다는 주장이 신학계에 나오는 것도 물질주의적 과학의 주장을 일부 신학계[31]가 받아들였기 때문일

---

30) R. W. Sperry, "Cerebral Organization and Behavior: The split brain behaves in many respects like two separate brains, providing new research possibilities", *Science* 133 (3466), 1961, 1749–1757; "Mind-brain interaction: Mentalism, yes; dualism, no", *Neuroscience* 5 (2), 1980, 195–206.

31) 유신진화론을 주장하는 신학자들은 일반적으로 이와 같은 관점을 가진 것으로 보인다.

것이다.

　스페리의 실험과 물질주의적 과학을 배경으로 오늘날 많은 물질주의적 과학자들은 인간에게는 진정한 의미에서의 자유의지가 없다는 주장을 강력하게 하기 시작했다. 인간의 의식이라는 것이 뇌 안의 전기반응에 불과하고 이 전기반응의 결과로 인간은 결단하기 때문에[32] 고전적 철학의 의미에서의 자유의지는 인간에게 없다. 오늘의 물질주의적 과학자들은 죄의 문제를 다시 논구해야 한다고 주장한다. 진정한 의미에서의 자유의지가 없는 인간에게 죄의 책임을 전적으로 묻는 것은 과학적 엄밀성이 결여된 처사이다. 그러면 인간의 죄를 사하기 위해 오신 예수님의 속죄의 죽음은 어떻게 될까? 속죄의 죽음이라는 개념은 고대인의 원시적 제의적인 신화에 불과할 것이다. 성서가 말하는 죄를 속량하는 복음은 매우 우수꽝스런 복음이 될 것이다. 오늘의 물질주의적 과학을 받아들이게 되면 기독교는 근원에서부터 흔들리게 된다. 어쩌면 물질주의적 과학에 근거한 새로운 기독교를 만들어야 할 것이다. 물론 이 기독교는 성서에 근거한 기독교는 아닐 것이다.

　2020년 노벨상을 받은 펜로즈(R. Penrose)는 위와 같은 물질주의적 과학에 제동을 걸었다. 그의 저서 『황제의 새 마음』(*The*

---

32) 인간의 뇌를 컴퓨터에 연결해서 뇌 속의 정보를 컴퓨터로 옮기고 역으로 컴퓨터의 정보를 뇌 속으로 옮긴다는 오늘의 AI에 대한 과학적 이해는 속죄론을 불가능하게 만든다. 이유는 정보 교환으로 완전히 다른 사람이 될 수도 있기 때문이다. 성령에 의한 새 마음을 가진 새로운 인간의 탄생을 컴퓨터를 이용한 새로운 마음 갖기로 대치시킬 것이다.

Emperor's New Mind)은[33] 1990년 과학상(Science Book Prize)을 수상한 저술이기는 하나 강인공지능[34]을 주장하는 자들에 의해 비웃음을 당하다가 그가 노벨상을 받으면서 주목받게 되었다. 이 책에서 펜로즈는 동화 속의 재단사가 주장한 마음 착한 사람에게만 보이는 옷은 사실 존재할 수 없는 옷이었음을 언급하면서, 인공지능이 인격과 의식과 자아를 갖는다는 것은 불가능한 일임을 강력하게 역설했다. 물질은 정신(mind)을 만들지 못한다. 펜로즈는 물질과 다른 정신 현상을 발견했고, 이를 최근에 양자역학적으로 설명했다.[35] 펜로즈는 사람이 죽으면 사람 안에 있는 정보들(informations)이 뇌에서 빠져나간다고 주장했다. 사람이 죽을 때 빠져나가는 정보들에 대한 펜로즈의 언급은 사람이 죽을 때 빠져나가는 영혼이라는 전통적 개념과 매우 유사하다. 펜로즈는 양자 뇌의 가능성을 언급하면서 정보들이 뇌를 사용한다는 관점을 피력했다. 그는 뇌 안의 미세소관을 통해 정보들이 뇌에 전달된다고 주장했는데, 이 미세소관에 대한 그의 주장은 긍정적 차원에서 오늘

---

33) 이 책은 1989년 영문으로 출간된 저술로 한국에서는 1996년 번역되었으나 주목을 받지 못하다가, 펜로즈가 노벨상을 받은 후 한국어 개정판 번역이 본격적으로 유통되고 있다. R. Penrose, *The Emperor's New Mind*, 박승수 역, 『황제의 새 마음』(서울: 이화여대 출판부, 2022). 이 책은 안데르센(H. C. Andersen)의 동화 『황제의 새옷』(*The Emperor's New Clothes*)이 배경인데 한국에서는 이 동화가 『벌거벗은 임금님』으로 알려져 있다.

34) 인공지능(AI)이 인간과 같은 의식과 마음과 인격을 가질 수 있다고 주장하는 과학이론. 약인공지능은 인공지능은 인간과 같은 의식과 마음과 인격을 가질 수 없는 기계일 뿐이라고 보는 과학이론

35) 2014년에 출간된 펜로즈의 저서 『마음의 그림자들』(*Shadows of the Mind*)는 인간의 의식은 알고리즘이 아닌 까닭에 알고리즘으로 의식을 설명하려는 물질주의적 뇌 과학은 불가능하다고 언급한 책이다. 펜로즈는 이 책에서 양자역학이 인간의 의식을 이해하는 데 결정적인 역할을 함을 강조했다. 펜로즈에 의하면 미세소관들(microtubules)에서의 양자 파동의 붕괴가 의식을 이해하는 데 결정적으로 중요하다.

날 과학적 검토가 이루어지고 있다.

세상이 물질로만 구성되어 있다는 물리학은 오늘날 양자물리학에 의해 붕괴되고 있다. 독일의 막스 플랑크(Max Planck) 연구소 소장을 세 차례나 역임한 독일의 세계적 양자물리학자 뒤르(Hans-Peter Dürr)는 '온전한 물리학'(Ganzheitliche Physik/ Holistic Physics)을[36] 주장하면서 세상이 물질로만 구성되어 있다는 고전적 물리학은 붕괴되었다고 강조했다.[37] 이유는 물질 배후에 물질보다 더 우선적인 것으로 보이는 영(Das Geistige)의 세계가 존재하고 있기 때문이라고 밝혔다. 뒤르에 의하면 양자물리학은 현대 물리학의 혁명적인 새로운 길(Revolutionäre neue Wege der modernen Physik)이고, 과거의 세계관을 붕괴시키고 엄청난 힘으로 세계관에 혁명을 일으키고 있다. 우리는 세계관을 바

---

36) 뒤르가 언급하는 '온전한 물리학'은 '온신학'이 추구하는 온전한 창조론, 온전한 인간론의 과학적 대화의 파트너이다. '온신학'의 하나님의 계속적 창조론에는 '온전한 물리학'의 새로운 발견의 차원이 존재한다. 그동안 세계를 뒤덮고 있었던 무신론적 과학적 물질주의는 '온전한 물리학'에 의해 붕괴하고 있다. 물질만으로 과학 연구를 해야 한다고 규정한 '방법론적 자연주의'는 '온전한 물리학'과 공존하기 어렵다. 우주의 변화와 생명체의 변화에는 영의 존재가 깊이 관여되어 있는데 '방법론적 자연주의'는 이 영의 존재를 처음부터 제거하는 오류를 범하는 이론이기 때문이다. 이 오류는 '온전한 물리학'에 의해 잘 밝혀졌다. '온전한 물리학'이 영의 세계를 발견하고 새로운 세계관을 연 것은 매우 훌륭하다. 그러나 양자물리학을 범정신주의(panpsychism)나 범신론(pantheism)의 관점으로 발전시키면 안 된다. 온신학은 양자물리학 안에 오늘날 일부 존재하는 이런 흐름에 대해서는 단호히 반대한다. 물질 배후에 존재하는 영은 하나님의 영이고, 이 하나님의 영은 물질 안에 존재할 수는 있지만, 피조물인 물질과 혼동하면 안 되기 때문이다. 양자물리학 안에 존재하는 범정신주의나 범신론적 경향은 원시종교의 애니미즘(animism)과 비슷한 것으로 위험할 뿐만 아니라 오류이다. 인간의 영은 하나님의 영과 연결점이 있는 까닭으로, 양자 파동 붕괴에 영향을 미칠 것이다. 그러나 수소나 암모니아 안에 영이 있다거나 모래나 바위 안에 영이 있다고 하면 안 된다.

37) 뒤르의 '온전한 물리학'을 알기 위해서는 다음의 책을 참고하라. H. P. Dürr, *Warum es ums Ganze geht. Neues Denken für eine Welt im Umbruch* (München: Oekom Verlag, 2009); *Geist, Kosmos und Physik. Gedanken über Einheit des Lebens* (Amerang: Crotona Verlag, 2010).

구어야 한다. 고전적 물리학이 물질로만 구성된 세계를 밝혀내고, 영의 세계를 몰아내었는데, 물리학이 더 발전하면서 양자의 세계를 알게 되었고, 양자의 세계 배후에 영의 세계가 있다는 것을 알게 되었다. 뒤르에 의하면 세상을 만들어가고 추진해가는 힘은 영이다 (Das Geistige ist die treibende Kraft).[38] 세상은 물질에 의해 계산될 수 있는 세상이 아니다. 과학적 결정주의 (scientific determinism)는 크나큰 오류이다. 뒤르에 의하면 물질에 형태 (Form)를 부여하는 것은 영의 힘이다. 물질이 스스로 형태를 만들지 못한다.

뒤르가 언급하고 있는 '온전한 물리학'은 그의 스승인 31살에 노벨상을 받은 천재적 과학자 하이젠베르크(Werner Heisenberg)가 이미 언급한 내용이다. 하이젠베르크는 "과학의 술잔을 한 모금 마시면 무신론자가 되지만, 그 잔을 다 마시면 하나님께서 그곳에 기다릴 것이다" (Der erste Schluck aus dem Becher der Wissenschaft führt zum Atheismus, aber am Grunde des Bechers wartet Gott)라는 유명한 말로 우주의 근원에 영이 있고 신이 있다는 것을 언급했다. 양자물리학이 밝힌 새로운 세계관은 영의 세계가 있고, 이 영의 세계가 우주의 더 근원적인 실재라는 것이다.

뒤르에 의하면 '온전한 물리학'이 새 시대의 물리학이다. 영의 세계를 제거한 고전적인 물질주의적 물리학의 시대는 이제 끝났다. 2022년 노벨상을 받은 클라우저(John Francis Clauser), 아스페(Alain Aspect), 차일링어(Anton Zeilinger)의 양자얽힘

---

38) 참고하라. Forschenlernen의 유투브, "Hans-Peter Dürr: Das Geistige ist die treibende Kraft" (2013).

에 대한 실험결과 벨(Bell)의 부등식이 유효하지 않음을[39] 밝힌 세계적 실험은, 철학적인 차원에서 관찰하면 물질로만 세계를 설명하려 했던 아인슈타인(A. Einstein)의 세계관이 더는 유효하지 않고, 양자물리학이 밝힌 세계관이 옳음을 인정한 세계적 사건이었다. 지금까지 세계를 지배했던 물질주의적 과학의 시대는 이제 끝났다. 뇌 과학도 '온전한 물리학'이 열어주는 새로운 차원을 이해하면서 새롭게 시작해야 한다.

Ⅲ. 영혼이 있음을 밝힌 펜필드(W. Penfield)와 핀토(Y. Pinto)교수팀의 뇌 과학 실험

펜필드는 캐나다의 과학 명예의 전당에 헌액되어 있는 캐나다가 자랑하는 유명한 뇌 과학자이다. 펜필드에 의하면 오늘날 뇌의 각 부분은 각각 무엇을 하는지 정확히 밝혀져 있다. 그런 까닭에 뇌의 각 부분에 전기 자극을 주면 원하는 행동을 하게 할 수 있다.

---

39) 벨(John Stewart Bell)의 부등식이 실험결과 유효하면 양자역학을 반대한 아인슈타인의 물질주의적 과학이 입증된다. 아인슈타인은 물질 이외의 것은 없다고 믿었기 때문에 빛보다 빠른 것은 존재할 수 없고 숨은 변수가 있다고 강력히 주장했다. 아인슈타인은 양자물리학을 비판하면서 양자물리학에는 유령(spook)이 산다고 비웃었는데, 정말 그 유령이 사는 것처럼 양자얽힘 현상이 밝혀진 것이다. 3명의 양자물리학자는 숨은 변수는 없다고 정확히 밝혔고, 아인슈타인의 세계관을 입증해줄 벨의 부등식은 유효하지 않음을 발혔다. 양자물리학의 주류인 코펜하겐(Copenhagen) 해석의 정당성은 마침내 입증되었다.

펜필드는 실험 대상의 사람들에게 뇌의 부분에 자극을 주어 손을 올리게 했다. 자극을 줄 때마다 정확하게 손을 올렸는데 갑자기 실험 대상의 사람이 손을 올리지 않는 것이었다. 지금까지는 잘 올렸는데 왜 손을 올리지 않느냐고 물었더니, 나는 지금까지 손을 올린 적이 없다는 것이었다. 손을 지금까지 올리지 않았느냐고 되물었더니 당신이 손을 올리게 한 것이지 나는 단 한 번도 손을 올린 적이 없다는 것이었다.[40]

펜필드는 유사한 실험으로 입에서 말을 꺼내는 실험을 했다. 역시 자극을 줄 때마다 말을 꺼낼 수 있었다. 그런데 갑자기 실험 대상의 사람이 말을 하지 않은 것이었다. 왜 말하지 않느냐고 물었더니 나는 말한 적이 없고 당신이 나를 말하도록 만들었을 뿐이었다고 답을 하더라는 것이었다. 펜필드는 이 실험에서 인간에게는 뇌가 아닌 자아가 있고, 이 자아가 영혼이라고 생각했다. 펜필드는 자신의 이 실험이 전통적인 의미에서의 영혼이 있다는 것과 영혼불멸론의 근거로 사용할 수 있을 것이라고 주장했다.

그러나 펜필드의 이 실험은 물질주의적 뇌 과학의 큰 흐름 속에서 그 의미가 많은 이들에게 잘 전달되지 않았다. 그런데 2017년 발표된 네덜란드의 암스테르담(Amsterdam)대학의 핀토 교수팀의 뇌 분리 실험의 결과는 펜필드의 실험과 매우 공명하는 것이었다. 핀토 교수팀은 광범위한 뇌 분리 실험을 했는데, 결과는 스페리의 뇌 분리 실험과 정반대였다.[41] 스페리의 뇌 분리 실험은 2017년

---

40) W. Penfield, *Mystery of the Mind* (Princeton: Princeton University Press, 1975), 73-82.

41) Yair Pinto, Edward H. H. de Haan, Victo A. F. Lamme, "The split-brain phenomenon revisited: a single conscious agent with split perception", in: *Trends in cognitive science* 21(11), 2017, 835-837.

의 핀토 교수팀의 연구 발표와 함께 더 이상 유효한 실험으로서의 자격을 잃었다. 스페리의 뇌 분리 실험이 엄청난 과학적, 철학적 파장을 일으켰지만, 이제는 그 파장을 수습하고 다시 잠잠하게 해야 한다. 핀토 교수팀에 의하면 뇌가 분리된 사람도 의식은 하나라는 것이었다. 뇌가 분리되어도 두 개의 자아가 있는 것이 아니고 하나의 자아가 있고 하나의 의식이 있다는 것이었다. 왜 하나일까? 의식이 물질 간의 전기 반응에 의해 생긴다면 뇌가 둘로 분리되면 의식이 둘이어야 하고 자아가 둘이어야 한다. 그런데 왜 하나일까?

핀토 교수팀에 의하면 뇌가 분리된 사람도 정확하게 책을 읽고 토론하고 계산하고, 걷기도 하고 심지어는 운전에도 문제가 없다. 하나의 의식뿐이라는 것을 핀토 교수팀에서 정확하게 확인했다. 왜 하나의 의식뿐일까? 핀토 교수팀의 실험은 인간에게 뇌와 구별되는 자아가 존재한다는 것을 거의 정확하게 나타내는 실험으로 보인다. 인간에게 뇌와 구별되는 하나의 자아가 있기 때문에, 그리고 이 자아가 좌뇌의 보고와 우뇌의 보고를 모두 듣고 종합하고 있기 때문에 뇌가 분리된 사람들에게 정확하게 하나의 의식만 있는 것이다. 이 하나의 자아는 하나의 영혼으로 추론된다. 옥스퍼드(Oxford) 대학의 유명한 철학자 스윈번(R. Swinburne)은 『우리는 몸인가 영혼인가?』(Are We Bodies or Souls?) 라는 2019년에 출간된 최근의 저서에서 인간의 자아는 몸이 아니고 영혼에 있다고 강조했다. 이 강조는 그동안 물질주의적 진화론에 의해 유행한 '인간은 몸이다'(You are your body)라는 유행을 뒤집는 언급인 동시에 펜필드와 핀토 교수팀의 뇌 과학적 실험과 공명하는 철학적 언급이다.

IV. 죽음 이후에도 계속 존속하는 영혼

인간이 자기 몸일 뿐이면 죽음 이후에 누가 심판을 받을까? 하나님의 심판대 앞에서 심판받아야 할 존재가 있어야 하는데 영혼이 없다면 심판의 대상이 없어지는 심각한 문제가 발생한다. 성경이 수없이 언급하는 죽음에서 일어나는 심판에 대한 언급들은 성립하기 매우 어렵게 되고, 인간의 존재는 하나님의 기억 속에만 존속하다가 세상의 마지막 날 심판받는 것으로 정리될 수밖에 없다.

성종현은 "인간의 본질과 죽음 그리고 영혼과 육체의 분리"라는 장신논단(Vol.44 No.1)에 기고한 논문에서 오늘날 유행하고 있는 일원론적 인간 이해가 성경과 심각하게 충돌된다고 밝혔다.[42] 성종현에 의하면 예수님은 죽은 야이로의 딸의 영(pneuma)이 돌아오게 함으로 소녀를 다시 살려내셨고(눅 8:55), 엘리야는 사르밧 과부의 아들의 혼(nepesh)이 되돌아 오게 해서 그 아들을 살렸다(왕상 17:21-22). 성종현에 의하면 몸을 떠난 영혼이 몸 속으로 되돌아옴을 죽은 자의 소생으로 성경이 명백히 이해하고 있다는 점을 우리는 유념해야 한다.

예수님은 몸은 죽여도 영혼(psyche)은 능히 죽이지 못하는 자를 두려워 하지 말라(마10:28)라고 언급했고, 십가가 상에서 우측 강도에게 네가 오늘 나와 함께 낙원에 있으리라(눅23:43)고 언급했는데, 만일 영혼과 육체의 분리가 없다면 강도의 무엇이 낙원

---

42) 성종현, "인간의 본질과 죽음 그리고 영혼과 육체의 분리", 장신논단 vol.44, no.1 (서울: 장신대출판부, 2012), 59-86.

에 있는 것일까? 부자와 나사로의 비유 역시 오늘날 유행하는 일원론적 인간 이해로는 해석이 극난해진다. 왜냐하면 부자와 나사로의 죽은 육체가 지상에 있는데 아브라함의 품에 있는 나사로가 언급되고 있고, 음부에서 고생하는 부자가 언급되고 있기 때문이다. 이 성경 분문들에 대한 가장 자연스러운 해석은 죽음에서 영혼과 육체의 분리가 일어난다는 해석일 것이다.

사도 바울에게 나타나는 겉 사람과 속 사람의 비유 역시 성종현에 의하면 영혼과 육체의 비유의 다른 표현이다. 성종현에 의하면 바울은 구약성서와 유대 묵시문학 그리고 예수님의 전승 속에 나타나고 있는 인간 이해를 가장 잘 계승했던 인물이다. 겉 사람은 낡아지나 우리의 속 사람은 날로 새로워진다(고후4:16)는 바울의 표현은 우리의 육체가 낡아지지만 우리 속에 있는 영혼은 날로 새로워진다는 의미이다. 이 비유는 바울에게 보이는 것과 보이지 않는 것에 대한 언급과 짝을 이루고 있다.

성경의 인간론 이해는 매우 복잡하다. 초기 유대주의의 관점과 후기 유대주의의 관점이 다르고, 부활 사상이 본격적으로 발전된 이후의 사상이 또 다르기 때문이다. 초기 유대주의의 관점을 오늘날 성경적 관점이라고 주장하는 사람들이 많이 있는데 이는 오류이다. 이 오류의 배후에는 세상의 물질주의적 과학이 언급하는 인간론과 성경의 인간론이 일치한다고 주장하면서 성경의 권위와 가치를 과학적으로 확보하고자 하는 의지가 있었던 것으로 보인다. 그러나 그럴 필요가 없다. 오히려 오늘의 양자역학은 이원론적 인간 이해에 근접하고 있다는 점을 유념해야 한다. 우리가 성경의 인간론에 대한 바른 이해를 가지려면 계시의 핵심인 예수님의 인간에 대한 이해와 세계관에서 출발해야 한다. "몸은 죽여도 영혼은 능히 죽이지 못하는 자를 두려워 하지 말고, 몸과 영혼을 능히 지옥에 멸하는 자를 두려워 하라"는 말씀을 하신 예수님은 이원론적 인간론을 갖고 계셨다. 세상의 왕은 우리의 몸은 죽여도 영혼은 죽이지 못한다. "너의 몸이 너 자신이다"(You are your body)라는 오늘날 과학이나 철학 및 심지어는 신학에서도 유행하는 표현은 예수님의 가르침과는 충돌한다. 예수님은 십자가에서 자신의 영혼을 아버지께 맡긴다는 마지막 말씀을 하시고 운명하셨다. 사도 바울은 이 예수님의 인간론과 세계관을 정확히 계승한 것으로 보인다.

V. 임사체험(Near Death Experience)에 대한 연구로 영혼을 발견하고 있는 오늘의 과학자들과 신학자들

2015년 미국 뉴욕 타임지(New York Time)지의 베스트셀러가 된 『천국을 상상하라』(*Imagine Heaven*)라는 저술은 죽음에서 영혼이 육체를 빠져나가는 임사체험(Near Death Experience)의 진실성을 알리는 중요한 책이었다.[43] 이 책에서 버크(J. Burke)

---

43) 임사체험에 대한 본격적인 과학적 연구의 시발점은 무디(Raymond A. Moody)가 1975년 출간한 『이생 이후의 생명』 *Life After Life* 이다. 이 책이 미국에서 베스트셀러가 되면서 임사체험의 문제는 본격적인 과학적 토론의 장이 되었다. 제프리 롱(Jeffery Long) 역시 이 주제로 베스트 셀러 작가가 되었다. 임사체험에 관한 그의 연구는 임사체험을 이해하는 데 많은 도움을 준다. 다음의 책을 참고하라. J. Lonf/P. Perry, *God and the Afterlife* (NY: HaperCollins, 2016).

는 임사체험이 산소가 부족해서 일어나는 뇌의 특이한 반응이 아니고 수많은 사람들에 의해 경험되고 있는 진실임을 밝혔다.[44] 버크는 행14:19의 바울이 돌에 맞아 죽은 줄 알고 성 밖으로 끌려나가 버려졌다가 다시 깨어난 것을 고후12:1-4과 연결해서 바울이 경험한 임사체험이라고 언급했다. 바울이 셋째 하늘 곧 낙원에 올라갔을 때는 바울이 돌에 맞아 의식을 잃고 성 밖으로 버려졌을 때라고 언급하면서 임사체험이 성경적임을 강조했다.

2021년 스트로벨(L. Strobel) 역시 『천국은 진실이다』(*The Case for Heaven*)에서 버크의 주장의 정당성을 그의 저널리스트적 분석과 입증 근거들을 찾아서 밝혀내었다. 스트로벨은 육체에서 빠져나간 영혼이 의사와 간호사 및 의료진들을 정확하게 보고, 또 병원 옥상의 남자 테니스화의 색깔까지 정확하게 보고 통로를 빠져나가서 새 세계를 보고 온 사람의 구체적 예까지 언급하면서 죽음에서 영혼이 육체를 빠져나감의 진실성을 강조했다. 스트로벨은 가이드 포스트(Guide Post)의 코피쉬(Kaylin Kaupish) 기자와의 인터뷰에서 임사체험에 대해 확신을 갖게된 계기에 대해 질문받았을 때, '의식 연구를 위한 윌리엄 제임스 센터'(William James Center for Consciousness Studies)의 시각장애인들에 대한 임사체험에 대한 연구를 언급했다. 21명의 시각장애인(맹인)이 임사체험을 했는데, 그들이 본 것들이 정확했다는 것이다. 26살의 시각장애인 여성 어미픽(Vicki Umipeg)은 태어나면서 시각장애인이었고 자동차 사고로 죽었는데, 이 여성이 자신의 몸을 살

---

44) 존 버크(J. Burke)는 임사체험을 경험한 사람들의 증언이 모두 성경과 일치하는 것은 아니나, 죽음에서 살아온 천명도 넘는 사람들의 공통적인 경험은 분명히 성경의 하나님을 향하고 있고, 성경이 약속한 가슴 들뜨는 세계를 지시하고 있다고 밝혔다.

리려고 하는 의료진의 노력과 천장 너머로 나가 보게 된 세상의 사람들, 꽃들, 새들 등을 정확하게 묘사한 것이었다. 이 여성은 영혼이 몸으로 돌아온 후에는 다시 시각장애인이 되었다.

독일 도르트문트 공과대학(Technische Universität Dortmund)의 유명한 양자물리학자 나이어(A. Neyer)는 양자물리학과 임사체험과의 관계를 최근의 양자물리학의 발견을 기초로 매우 긍정적으로 언급했다.[45] 나이어에 의하면 뇌 안의 의식은 뇌의 전기작용이 만든 것이 아니다. 최근의 양자물리학은 영의 세계를 알고 있고, 인간의 뇌 안에는 영혼이 존재하고 있음을 알고 있다. 나이어는 임사체험과 양자물리학을 연결해서 우리가 사는 물질세계의 배후에 더 본질적인 다른 세계, 곧 영적 세계가 있음을 밝히는 책인 『세상 뒤에 있는 또 다른 세상의 흔적들』(*Spuren einer Welt hinter der Welt*)을 2017년에 출간했다.[46]

2022년 미국 뉴욕대학교의 메디칼센터 교수인 파니아(S. Pania)는 미국 심장학회에 임사체험(Near Death Experience)과 관련된 대단히 중요한 실험결과를 보고했다.[47] 미국 템플턴(Templeton)재단과 많은 재단의 후원으로 이루어진 이 대규모 임사체험 연구 결과는 인간에게 영혼이 있음을 나타내는 실험이었

---

45) A. Neyer, *Wissenschaft und Glaube Quanenphysik und Nahtod-Erfahrungen* (Amerang: Crotona Verlag, 2021).

46) A. Neyer, *Spuren einer Welt hinter der Welt* (Amerang: Crotona Verlag, 2017).

47) Parnia Lab at NYU Langone Health의 유투브, "AWAreness during REsuscitation (AWARE) -II American Heart Association Symposium Presentation"를 참고하라. 샘 파니아 (Sam Parnia)는 *What Happens When We Die* (Hay House, 2007), *Erasing Death: The Science That is Rewriting the Boundaries between Life and Death* (Haper Collins, 2013) 등의 임사체험을 긍정하는 책들을 이미 출간한 바 있다.

다. 심장마비로 죽었다가 살아난 사람들의 상당수가 육체에서 빠져나가는 의식에 대해 언급했고, 의사와 간호사 등의 의료진의 행동들을 정확하게 설명했고, 그들이 설명한 다른 내용들도 과학적으로 정확했음을 학회에 보고했다. 파니아 교수의 결론은 사람이 죽으면 자아(Self)가 육체에서 빠져나가는데, 이 자아는 전통적인 의미에서는 영혼(Soul)이라는 것이었다. 파니아는 임사(Near Death)라는 표현은 잘못되었고, 이들은 정말 죽었다가 살아났음을 강조하면서 사실 죽었다(Actual Death)고 표현했다. 임사(Near Death)가 아니고 정말 죽음(Actual Death)이라고 강하게 강조했다. 왜냐하면 심장도 완전히 죽었고(Shut Down), 뇌도 완전히 죽었기(Shut Down) 때문에, 뇌 안의 환영(Halluciation)의 가능성은 없음을 강조했다. 파니아는 이를 과학적으로 완벽히 조사했음을 강조했다.

파니아 교수의 임사체험과 관련된 실험은 규모와 신뢰성에 있어서 매우 중요한 실험이었다. 파니아 이전에도 유사한 많은 실험들이 있었는데, 이 파니아의 실험은 수많은 실험들의 결론으로 보이는 실험이었다. 이 파니아 교수의 실험에서 내린 결론은 엘리야가 사르밧 과부의 아들의 영혼이 돌아오게 한 사건과 예수님께서 야이로의 딸의 영이 돌아오게 한 것과 닮은 실험으로 보인다. 인간에게는 영혼이 있고, 죽음에서 영혼과 육체가 분리된다는 것이 공통적인 특징이다.

결 언

자연과학이 발전하면서 영의 세계는 미신과 같은 것으로 취급되었다. 진화론적 과학은 인간의 영혼도 뇌 안의 전기 반응에 불과하다고 주장했고, 인간은 뇌이다라는 주장을 과감하게 주장했다. 그러나 이 주장은 거짓이다. 오늘의 양자역학은 물질 세계의 근원에 보이지 않는 세계가 있다는 것을 알게 되었다. 이 보이지 않는 세계는 영(Das Geistige)의 세계로 보인다. 야일 핀토 교수팀의 뇌 분리 실험이나 펜필드의 뇌 과학 실험은 영혼이 존재함을 80-90%까지 입증하는 실험이었다. 오늘날 의과대학 안에서 일어나고 의사들과 의학자들이 발견하고 보도하고 있는 임사체험에 대한 놀라운 연구들은 영혼이 존재함과 영혼과 육체의 분리가 죽음이라는 것을 과학적으로 설명하고 있다. 이 모든 연구들과 발견들은 개혁신학이 전통적으로 주장했던 영혼과 육체의 분리가 죽음임을 드러내고 있다.

자연과학에 영향을 받고 그 안경으로 성경을 해석한 오늘의 많은 성경적 인간론은 수정되어야 한다. 성경적 인간론이 일원론적이라고 억지로 강변한 수많은 신학자들의 주장은 틀린 주장이다. 인간에 대한 예수님의 인간 이해도 이원론적이고, 바울의 인간이해도 이원론적이다. 인간은 영혼과 육체로 구성되어 있고, 죽음에서 인간의 영혼은 육체를 떠난다. 하나님 앞에서 심판받을 주체는 바로 이 인간의 영혼이다.

제 4 장

부활은
언제 일어나는 것일까?

– 죽음에서 일어나는 부활에 대한
오늘의 신학적 이론에 대한 평가 –

서 언

부활의 복음이 훼손되어 있다. 그리스도의 교회는 너무나 오랫동안 죽음에서 일어나는 부활을 선포하지 않고 불멸하는 영혼만을 가르쳤다. 육체 없이 불멸하는 영혼의 교리는 희랍 철학의 교리이다. 죽음 이후에도 하나님 앞에서 지속되는 인간 존재에 대한 이론으로서의 영혼의 교리가 성경적이다. 이를 그리스도의 교회가 받아들였는데 이는 정당한 수용으로 보인다. 인간은 죽음으로 모든 것이 끝나는 존재가 아니다. 죽음 이후에도 인간은 존재하고 있고, 이 경우 영혼은 죽음 이후에 존재하는 인간 존재에 대한 대명사이다.

그리스도의 교회는 성도들의 영혼은 천국에 있을 것으로 가르쳤나. 이 가르침 역시 정당한 가르침이다. 긴 세월 동안 이 가르침에 대한 반대 이론들이 있었지만, 이 반론들이 정당성이 있다고 평가하기 어렵다. 성도들의 영혼은 천국에 있을 것이다. 그런데 최근에 가장 토론이 되는 것은 성도들의 영혼이 천국에 있을 것인가의 문제가 아니고, 천국에 있는 성도들의 영혼이 육체가 없는 존재로 있을까 아니면 그 영혼에 영의 몸이 있을까 하는 문제이다. 희랍 철학의 영향을 받은 그리스도의 교회는 천국에 있는 성도들의 영혼이 몸이 없는 존재라고 생각했다. 예수님께서는 천국에서 부활하신 육체를 갖고 계시는데 천국에 있는 성도들은 육체 없는 그림자 같은 영혼으로 떠돌아다니고 있는 것일까? 20세기에 눈부시게 발전한 성경학의 발전은 인간론에 큰 변화를 가져왔다. 이 변화된 성경적 인간론은 영혼으로서의 인간은 언제나 육체가 있다는 것이었다.

그렇다면 죽음 이후의 인간의 영혼은 어떤 상태로 있는 것일까? 죽음 이후에 영혼이 육체 없이 존재하고 있다면 결국 그리스도의 교회가 희랍의 철학의 틀 속에서 죽은 자의 문제에 대한 교리를 언급하고 있는 것이 된다. 그런데 더욱 심각한 문제는 사도들이 전한 복음의 핵심은 영혼 불멸의 교리가 아니고 부활의 복음이었다는 점이다. 현재 그리스도의 교회 안에는 사도들이 가르쳤던 부활의 복음은 역사의 마지막에 일어날 매우 가늘고 흐린 희망으로 교회 내에 남아 있을 뿐이다. 죽음을 앞두고 있는 수많은 그리스도인들에게 구체적으로 희망으로 다가오는 것은 영혼에 대한 교리일 뿐이다. 그러나 초대 교회의 성도들의 신앙은 달랐다. 그들은 화형을 당하고 목이 잘리는 순간에 희랍의 철학자들이 가르쳤던 영혼의 교리를 말하지 않았다. 그들은 하나님의 나라에서 부활할 것임을 전했고 다시 살아서 그들을 죽인 자들 앞에 나타날 것임을 담대히 말했다.[1]

I. 부활의 세 가지 차원[2]

사도들의 가르침의 핵심은 부활이었다. 사도들은 희랍의 철학자들이 가르치고 있었던 영혼의 불멸을 전하기 위해 일생을 바치지 않았다. 그들의 메시지의 핵심은 "예수 그리스도께서 죽은 자들 가운데서 부활하셨다. 그리고 그를 믿는 우리들도 부활할 것이다"였다. 그런 까닭에 사도신경은 영혼의 불멸을 믿는다고 하지 않고 "몸의 부활"을 믿는다고 고백하고 있다. 몸의 부활을 가르친 사도들의 가르침은 초대 교회가 이어 받았고, 초대 교회는 참된 신앙의 핵심을 몸의 부활을 믿는 것과 일치시켰다. 고린도에 보낸 셋째 편지의 저자는 "몸의 부활이 없다고 주장하는 자들에게는 부활이 없을 것이다. 왜냐하면 그들은 몸의 부활을 믿지 않기 때문이다(고

---

1) G. Greshake/J. Kremer, *Resurrectio Mortuorum* (Darmstadt: Wissenschaftliche Buchgesellschaft, 1986). pp. 176-183.

2) *Ibid*. pp. 112-157. 크레머(J. Kremer)는 세례 때 일어나는 부활, 죽음에서 일어나는 부활, 역사의 마지막에 일어나는 부활로 나누었다.

린도에 보낸 셋째편지 1:24~25)라고 썼다. 그에 의하면 몸의 부활을 믿지 않는 자들은 저주받은 뱀의 신앙을 갖고 있는 자들로 진노의 자녀들이다.

부활한 몸의 상태에 대해서는 사도 바울이 고린도전서에서 잘 말해 주고 있다. "죽은 자의 부활도 이와 같으니 썩을 것으로 심고 썩지 아니할 것으로 다시 살며 욕된 것으로 심고 영광스러운 것으로 다시 살며 육의 몸으로 심고 신령한 몸으로 다시 사나니 육의 몸이 있은즉 신령한 몸이 있느니라"(고전 15:42~44). 이 바울의 가르침에서 우리가 유념해야 하는 것은 바울은 결코 육체와 영혼을 대비시키고 있지 않다는 점이다. 바울은 육체로 죽고 영혼으로 다시 산다고 언급하지 않고 육의 몸으로 죽고 신령한 몸으로 다시 산다고 가르치고 있는 것이다.

이 신령한 몸은 썩지 아니할 몸이고 영광스러운 몸이다. 이 육의 몸과 신령한 몸 사이의 관계에 대해서 바울은 다음과 같이 언급하고 있다. "누가 묻기를 죽은 자들이 어떻게 다시 살며 어떠한 몸으로 다시 오느냐 하리니 어리석은 자여 너의 뿌리는 씨가 죽지 않으면 살아나지 못하겠고 또 너의 뿌리는 것은 장래 형체를 뿌리는 것이 아니요 다만 밀이나 다른 것의 알갱이 뿐이로되 하나님이 그 뜻대로 저에게 형체를 주시되 각 종자에게 그 형체를 주시느니라"(고전 15:35~38). 바울에 의하면 씨앗이 죽고 거기에서 새 형체가 나오는 것처럼 우리의 육의 몸이 사라지면 하나님에 의해서 새로운 형체의 몸을 우리가 입게 되는데 그것이 신령한 몸이고 부활의 몸이다. 이 씨앗과 거기에서 나오는 새로운 몸 사이의 비유는 초대 교회가 부활체를 언급할 때 표준적으로 생각했던 중요한 비유였다(참고, 고린도에 보낸 셋째 편지 1:26~28).

1. 그리스도의 재림 때 일어나는 부활

그러면 이 몸의 부활은 언제 일어나는가? 일반적으로 알고 또 믿고 있는 것은 역사의 마지막 날, 그리스도의 재림 때이다. 그리스도의 재림 때 죽은 자의 부활이 일어난다는 것은 물론 성경적인 뒷받침을 받고 있다. "주께서 호령과 천사장의 소리와 하나님의 나팔 소리로 친히 하늘로부터 강림하시리니 그리스도 안에서 죽은 자들이 먼저 일어나고 그 후에 우리 살아 남은 자들도 그들과 함께 구름 속으로 끌어 올려 공중에서 주를 영접하게 하시리니"(살전 4:16~17). "보라 내가 너희에게 비밀을 말하노니 우리가 다 잠잘 것이 아니요, 마지막 나팔에 순식간에 홀연히 다 변화하리니 나팔 소리가 나매 죽은 자들이 썩지 아니할 것으로 다시 살고 우리도 변화하리라"(고전 15:51~52). 그리스도 재림 때 부활이 일어난다는 것은 사도들의 가르침이었을 뿐만 아니라 초대 교회의 중요한 신앙이었다.

2. 죽음에서 일어나는 부활

일반적으로 부활이 죽음에서 일어난다는 사실을 알고 있는 그리스도인들은 매우 적다. 대다수의 그리스도인들은 죽음에서 일어나는 것은 영혼의 천국행이지 부활은 아니라고 생각한다. 이런 생각은 희랍 철학의 영향 때문에 일어난 것으로, 초대 교회의 위대한 부활 신앙의 변질이다. 죽음에서 부활이 일어난다는 것을 매우 잘 증언하고 있는 성경 본문은 고린도후서이다. "만일 땅에 있는 우리의 장막 집이 무너지면 하나님께서 지으신 집 곧 손으로 지은 것이 아니요 하늘에 있는 영원한 집이 우리에게 있는 줄 아나니 과연 우리가 여기 있어 탄식하며 하늘로부터 오는 우리 처소로 덧 입기를 간절히 사모하노니 이렇게 입음은 벗은 자들로 발견되지 않으려 함이라. 이 상막에 있는 우리가 짐신 것같이 탄식하는 것은 벗고자 함이 아니요 오직 덧입고자 함이니 죽을 것이 생명에게 삼킨 바 되게 하려 함이라"(고후 5:1~4). 이 사도 바울의 가르침에서 하늘에 있는 영원한 집은 우리가 하늘에서 덧입게 될 우리의 새로운 육체이다.[3] 이것이 덧입게 될 우리의 새로운 육체인 이유는 땅에 있는 장막집과 하늘에 있는 영원한 집이 대비를 이루고 있는데 땅에 있는 장막 집이 땅에서 우리가 입고 있는 육의 몸을 의미하기 때문이다. 이 대비 구조에서 볼 때 하늘에 있는 영원한 집은 육의 몸과 대비되는 하늘에서 입게 될 우리의 신령한 몸이다.

하늘에 있는 영원한 집이 하늘에서 입게 될 새로운 육체인 또 하나의 중요한 이유는 "우리 처소를 덧입는다"(2절)고 언급되고 있는 표현 때문이다. 이 표현에서 덧입는다는 표현은 옷을 걸치듯이 새로운 육체를 입는 것을 의미하는데, 우리가 유념해야 하는 것은 고전 15:53에서 "이 썩을 것이 불가불 썩지 아니할 것을 입겠고"라고 표현하고 있는 바울의 표현과 완전히 일치하고 있다는 점이다. 고전 15:53의 "썩지 아니할 것을 입겠고"의 입겠고는 부활체를 입는 것을 의미한다. 이 양자 사이의 표현의 일치를 상고해 볼 때 고후 5:2의 "덧입는다"는 것은 부활체를 덧입는다고 볼 수밖에 없다.

---

3) 다음의 고후 5:1~4의 주석을 참고하라. J. Kremer, 2. *Korintherbrief*(Stuttgart:Kathdlisches Bibelwerk, 1990); N. Watson. The Second Epistle to the Corinthians(London:Epworth Press, 1993).

하늘에 있는 영원한 집이 부활체인 또 하나의 중요한 근거는 고후 5:3의 "이렇게 입음은 벗은 자들로 발견되지 않으려 함이라"는 표현과 관계가 있다. 이 표현에서 "벗은 자"라는 표현은 육체 없는 영혼만의 상태를 의미하는 표현일 것이다. 바울은 희랍 철학이 가르치는 죽음 이후의 육체 없는 벌거벗은 영혼만의 상태를 거부하고 있는 것이다. 왜냐하면 그리스도교의 복음은 벌거벗은 영혼과 관련있는 것이 아니고 몸의 부활과 관련되어 있기 때문이다. 바울은 하늘에서 우리는 결코 벌거벗은 영혼으로 존재하고 있는 것이 아니고 하나님께서 손수 만들어 주시는 영원한 새로운 육체를 입고 살게 될 것임을 말하고 있는 것이다.

고후 5:1~4의 본문이 죽음에서 일어나는 부활을 가르치는 본문이라는 것을 알 수 있는 또 하나의 중요한 근거는 "덧 입는"것을 "생명에서 삼킨 바 되는"것으로 해석하는 4절의 해석이다. 바울은 고전 15:54에서 부활의 육체를 언급할 때 "사망이 이김의 삼킴 바 되리라"라고 표현했다. 이 두 표현의 유사성은 덧입는 상태가 부활의 상태임을 명백히 증언해 주고 있다고 볼 수 있을 것이다.

죽음에서 부활이 일어난다는 사실은 초대 교회의 문서들을 통해서도 뒷받침된다. 부활에 관해서 쓴 『레기누스(Rheginus)에게 보낸 편지』를 보면 다음과 같이 언급되고 있다. "그는(구원자) 우리가 허물어질 때까지 곧 이 세상의 삶에서의 육체적인 죽음에 이르기까지 우리를 품어주시고 죽음 이후에는 태양이 햇살을 모으듯이 데려가신다. 그 무엇도 우리를 이 땅에 잡아두지 못할 것이다. 이것이 성령을 통한 부활이다. 부활은 사람들이 흔히 부활을 지칭하는 그런 영혼의 불멸이나 단순한 육체의 부활인 육체의 생명이 다시 돌아오는 그런 차원을 넘어서는 것이다"(레기누스에게 보낸 편지 4:8~11). "네가 하늘의 권능의 나라에 들어오게 될 때 몸을 왜 갖지 못하겠느냐, 곧 지상의 몸보다 더욱 훌륭한 몸을 (레기누스에게 보낸 편지 7:3)?" "그러므로 사랑하는 레기누스야 부활에 대해 조금도 의심하지 말라!(레기누스에게 보낸 편지 7:1)" 초대 교회의 문서들 가운데 부활에 대해 매우 자세하게 또 체계적으로 가르치고 있는 이 레기누스에게 보낸 편지의 저자는 하늘 나라에 존재하는 성도들의 상태를 부활의 상태로 언급하면서 부활에 대해 조금도 의심하지 말 것을 권면하고 있는 것이다.

『알려져 있지 않는 베를린 복음서』에는 다음과 같은 중요한 내용이 기록되어 있다. "(우리는 주와 함께) 산 위에 있었다. 우리 역시 성령에 의해 변화된 몸이 되었다. 우리는 우리의 눈으로 사방을 둘러보았다. 전체 하늘이 우리의 눈 앞에 나타났다. 우리는 하늘 나라에 도달했다"(알려져 있지 않는 베를린 복음서 5:1~4). 위의 본문에서 하늘에 상응하는 인간의 존재는 성령에 의해 변화된 몸을 입고 있는 존재라는 점을 유념할 필요가 있다. "우리는 변화되었다. 영광스러운 하늘 처소에 살고 있는 사람들처럼 변화되었다. 우리의 눈은 모든 하늘을 투시할 수 있었다. 그 분의 은총이 사도들의 품위에 해당되는 의복을 우리에게 입혀 주었다(알려져 있지 않는 베를린 복음서 12:1~3). 이상에서 우리는 천상에 존재하는 믿음의 사람들이 결코 영혼으로 존재하고 있지 않다는 것이 사도들의 가르침이자 초대 교회의 신앙이었다는 것을 알 수 있을 것이다. 천상에 있는 믿음의 사람들은 영혼으로 존재하고 있는 것이 아니고 변화된 육체, 곧 부활한 상태로 존재하고 있는 것이다.

3. 현존하는 부활의 생명

부활이 그리스도의 재림 때나 죽음에서만 일어나는 것이 아니고 이미 그리스도를 믿는 자들은 그리스도와 함께 죽고 함께 부활했다는 가르침은 성경 도처에 나타난다. "너희가 세례로 그리스도와 함께 장사한 바 되고 또 죽은 자들 가운데서 그를 일으키신 하나님의 역사를 믿음으로 말미암아 그 안에서와 함께 부활함을 받았느니라"(골 2:12). "그러므로 너희가 그리스도와 함께 다시 부활함을 받았으면 위엣 것을 찾으라"(골 3:1). 신약성서는 그리스도를 믿는 자들은 이미 부활한 자이고 부활의 생명이 지배하는 사람이기 때문에 더 이상 죽음이 있을 수 없고 부활의 생명이 계속된다는 것을 강조하고 있다.

이와 같은 강조를 극명하게 잘 표현하고 있는 성경 본문은 요한복음에서 예수님께서 죽은 나사로를 살리시는 장면이다. "나는 부활이요 생명이니 나를 믿는 자는 죽어도 살겠고 무릇 살아서 나를 믿는 자는 영원히 죽지 아니하리니"(요 11:25~26). 예수께서 마르다에게 한 이 말은 "마지막 날 부활에는 다시 살 줄을 내가 아나이다"(요 11:24)라고 말한 마르다의 말을 수정한 말씀이라는 것을 유념해야 한다. 마르다가 말한 마지막 날의 부활은 유대 묵시문학적 세계관에 토대를 두고 있는 믿음으로 부활은 역사의 마지막 날에만 있다고 믿는 믿음이다. 그런데 예수님께서는 이 마르다의 생각을 수정하고 있는 것이다. 예수님에 의하면 부활은 마지막 날에만 있는 것이 아니고 현존하고 있고 바로 예수님을 믿는 믿음에서 시작되는 것이고 죽음에서도 다시 사는 부활이 일어나는 것이고 바로 그 부활 속에 영원한 생명이 있다는 것이다.

성경은 영혼의 불멸을 가르치는 책이 아니다. 그것은 부활을 가르치는 책이다. 사도들은 부활을 전하기 위해 일생을 바쳤고 부활을 전하는 거룩한 글을 남겼다. 하나님은 그분의 크신 사랑과 자비로 "허물로 죽은 우리를 그리스도와 함께 살리셨고 또 함께 부활시키서서 그리스도 예수 안에서 함께 하늘에 앉히시는" (엡 2:5~6) 은혜로운 구원의 길을 열었다. 에베소서의 이 말씀에 의하면 우리는 이미 부활한 자들로 하늘에 앉아 있는 자들이다.

그리스도인들이 이미 부활한 자들이라는 이 성경의 가르침을 더욱 잘 이해하기 위해 우리는 『레기우스에게 보낸 편지』 속에 기술되고 있는 부활에 대한 설명들의 도움을 받을 필요가 있다. 『레기우스에게 보낸 편지』에 의하면 "눈에 보이는 몸의 지체들은 죽은 것이고 구원받지 못한다. 왜냐하면 오직 살아 있는 몸의 지체들만 부활하게 될 것이기 때문이다. 그런데 그 살아 있는 몸의 지체들은 눈에 보이는 몸의 지체들 속에 숨기어져 있다. 부활이란 무엇인가? 부활은 언제나 이미 부활한 것의 드러남이다" (레기우스에게 보낸 편지 9:3~4). 레기우스에게 보낸 편지에 의하면 이미 부활한 우리의 몸의 지체들이 사멸할 몸 속에 숨어 있다는 것이다. 그런데 이 부활한 우리의 숨겨진 몸이 죽음에서 그리고 역사의 마지막에 온전히 드러난다는 뜻이다. 이런 의미에서의 『레기우스에게 보낸 편지』에 의하면 "너는 이미 부활했다" (레기우스에게 보낸 편지 10:5)고 기록하고 있다.

Ⅱ. 죽은 성도들의 상태

죽음 이후의 성도들은 어떤 상태에 있을까? 많은 이들은 죽음 이후에 성도들의 상태는 몸이 없는 영혼으로 존재한다고 믿고 있다. 그러나 이것은 희랍의 철학이지 초대 교회의 신앙은 아니었다. 죽음 이후의 벌거벗은 영혼 개념은 이미 바울에 의해 거부되었고 넓게는 신약성경 전체가 거부하는 사상이다.

1. 천상의 의인들

천상에 있는 의인들은 영혼으로 떠돌고 있을까 아니면 찬란한 몸을 갖고 영광스러운 의복을 입고 있을까? 이 매우 쉬우면서도 동화 같은 질문에 대한 답을 유감스럽게도 그리스도의 교회는 너무나 오랫동안 잘못 가르치고 있었다. 이 질문에 대한 답은 명백히 후자인데도 그리스도의 교회는 전자로 가르쳐온 것이다. 가톨릭 신학자 그레스하케(G. Greshake)는 천상에서 그리스도께서는 영광스러운 몸을 갖고 계신데 죽은 성도들은 몸이 없는 영혼으로 떠돈다면 이것이 과연 상식에 일치하는가를 질문한 적이 있었다. 이 질문은 매우 정곡을 찌르는 질문이었지만 희랍의 철학에 각인된 신학자들과 교회의 지도자들은 그 질문의 중요성을 염두에 두지 않았다.

천상의 의인들이 어떤 상태에 있는지를 추론할 수 있는 중요한 성서 본문은 마가복음 9장에 나온다.

> 엿새 후에 예수께서 베드로와 야고보와 요한을 데리시고 따로 높
> 은 산에 올라가셨더니 저희 앞에서 변형되사 그 옷이 광채가 나며 세상
> 에서 빨래하는 자가 그렇게 희게 할 수 없을 만큼 심히 희어졌더라. 이
> 에 엘리야가 모세와 함께 저희에게 나타나 예수와 더불어 말씀하거늘
> 베드로가 예수께 고하되 랍비여 우리가 여기 있는 것이 좋사오니 우리
> 가 초막 셋을 짓되 하나는 주를 위하여, 하나는 모세를 위하여, 하나는
> 엘리야를 위하여 하사이다(막 9:2~5)

변화산에서 변화된 예수의 모습은 부활한 예수의 모습과 상
응하는 상태일 것으로 일반적으로 추론되고 있다. 그런데 이때 나
타난 모세와 엘리야는 어떤 상태로 나타났을까? 모세는 죽어서 하
늘 나라로 갔으나 엘리야는 죽지 않고 하늘 나라로 갔으니까 모세
는 영혼으로 나타나고 엘리야는 몸을 갖고 나타났을까? 우선 우리
가 유념해야 할 것은 주전 2세기에서 주후 2세기 까지의 유대인들
과 초대 교회의 문헌 속에 천상에서의 모세와 엘리야 사이에 몸의
상태에 관해 아무런 차이가 없다는 점이다. 이것은 아브라함과 에
녹 사이에도 아무런 차이가 없는 것과 마찬가지이다. 또 하나 유념
해야 하는 것은 천상에 존재하는 믿음의 조상들은 영혼으로만 떠
돌고 있는 것이 아니고 전인(The Whole Man)으로서의 아브라함,
모세, 에녹, 엘리야가 영광스러운 찬란한 옷을 입고 천상에 존재
하고 있다는 점이다. 예수께서 입으신 옷이 "빨래하는 자가 그렇게
희게 할 수 없을 만큼 심히 희어졌더라"(막 9:3)라는 표현도 유념해
야 하는데 입고 있는 의복의 이러한 찬란한 변화는 유대인의 문헌

속에서 천상에 있는 의인들이 입고 있는 의복을 묘사할 때 일반적으로 쓰였던 표현이라는 점이다. 이와 같은 당시의 유대인들의 일반적인 세계관에서 비추어 볼 때 변화산에서의 모세와 엘리야는 예수께 상응하는 형체로 나타났다고 보는 것이 상식일 것이다.

그러나 우리는 이 문제에 대한 답을 더욱 분명히 하기 위해서 이 본문에 대한 초대 교회의 이해가 어떠했는가를 살펴보고자 한다. 초대교회는 변화산에 나타난 모세와 엘리야의 상태를 영혼의 상태로 결단코 이해한 적이 없었다. 『애굽베드로묵시록』에 의하면 모세와 엘리야는 몸을 갖고 있었고 그들의 몸의 색깔은 장미꽃처럼 붉었다(애굽의 베드로묵시록 15장, 참고, 희랍베드로묵시록 8장). 그리고 그들의 머리카락은 무지개 같았다(애굽의 베드로묵시록 15장, 참고, 희랍베드로묵시록 10장)고 표현되고 있다. 『희랍베드로묵시록』은 천상에 있는 의인들의 영광스러운 육체적 모습을 자세하게 기술하고 있다. "그들의 얼굴에서는 광채가 빛나고 있었는데 태양처럼 빛났다" (희랍베드로묵시록 3장). "그들의 몸은 모든 종류의 눈보다 더 희게 빛났고 그 어떤 장미보다 더 붉었다" (희랍베드로묵시록 3장). "그들의 의복이 얼마나 영광스러웠는지… 그 어떤 언어로도 표현할 수 없었다" (희랍베드로묵시록 3장). 더 나아가서 『레기우스에게 보낸 편지』에 의하면 변화산에서의 모세와 엘리야의 등장을 부활한 모세와 엘리야의 등장으로 기술하고 있다(레기우스에게 보낸 편지 9:5). 천상에 존재하는 의인들은 결코 육체 없는 영혼으로 떠도는 상태가 아니다. 초대 교회는 죽음 이후의 성도들의 상태를 육체 없이 영혼으로 떠도는 상태로 이해하고 있지 않았다. 죽음 이후의 성도들이 아브라함과 모세와 에녹과 엘리야처럼 부활한 상태로 영광스러운 몸을 갖고 찬란한 옷을 입고 광채가 빛나는 얼굴로 하늘에서 살아있다고 믿고 있었다.

2. 부활한 순교자들과 성도들

초대 교회는 역사의 마지막에 일어나는 부활만 믿고 있었던 것이 아니고 현존하는 부활과 죽음에서 일어나는 부활 역시 믿고 있었다. 이 모두를 믿고 있었던 이유는 그것 모두가 사도들의 가르침이었기 때문이었다. 죽음에서 일어나는 부활과 관련해서 눈길을 끄는 매우 중요한 전승은 초대 교회의 순교자들에 관한 전승들이다. 특히 『바울행전』을 살펴보면 바울은 네로 황제 앞에서 다음과 같이 말하고 있다. "네가 나의 목을 자르면 다음과 같은 일들이 일어날 것이다. 나는 부활할 것이고 너에게 나타날 것이다"(바울행전 8:19). 바울은 자신의 죽음의 순간이 자신의 부활의 순간임을 네로 황제 앞에서 담대히 말하고 있는 것이다. 예수께서 죽었다가 부활한 것과 마찬가지로 바울은 자기 자신도 죽었다가 부활해서 네로 황제 앞에 나타나게 된다는 것이다. 『바울행전』 10장을 보면 바울은 마침내 목이 잘리게 된다. 그런데 놀라운 일이 일어나게 된다. 바울은 정말로 다시 부활해서 황제 앞에 나타난 것이다.(바울행전 10:2). "보아라. 하나님의 군병 바울은 죽지 않았다"(바울행전 10:3). 이에 놀란 황제는 잡아둔 예수를 믿는 사람들을 모두 풀어주라고 명한다. (바울행전 10:5). 백부장이 바울의 무덤에 갔을 때 기도하고 있는 두 사람을 발견했는데 그 두 사람 사이에 바울이 있었다(바울행전 10:7). 바울 옆에 있던 두 사람은 디도와 누가였다. 이상과 같은 『바울행전』의 바울의 순교에 대한 보도는 예수님을 따르는 제자들의 운명과 미래는 예수님과 같은 길을 걷게 된다는 초대 교회의 신앙을 잘 나타내 보여 주고 있다. 즉 예수님을 위해 죽은 자들은 예수님과 함께 부활해서 예수님과 더불어 영원히 살 것이라는 신앙이다.

오늘날 대다수의 사람들은 죽었다가 부활한 이는 예수 그리스도밖에 없다고 생각하고 있다. 그런데 초대 교회의 성도들 중 상당수는 다른 시각을 갖고 있었다. 이 다른 시각이 마태복음 27장에 나타나고 있다. "이에 성소의 휘장이 위로부터 아래까지 찢어져 둘이 되고 땅이 진동하여 바위가 터지고 무덤들이 열리며 자던 성도의 몸이 많이 일어나되 예수의 부활 후에 저희가 무덤에서 나와서 거룩한 성에 들어가 많은 사람에게 보이니라"(마 27:51~53). 많은 죽은 성도들이 부활해서 거룩한 성에 나타났다는 이 보도는 사뭇 충격적이다. 그런 까닭으로 이 본문에 대한 주석들이 갈팡질팡하는 경향을 많이 나타내고 있다. 그런데 이 보도는 초대 교회 내에 상당히 넓게 퍼져 있었던 성도들의 부활에 대한 하나의 중요한 사상과 관련되어 있다.

『그리스도의 지옥여행』이라는 글의 첫머리에 보면 다음과 같은 중요한 내용이 보도되고 있다. "그때 요셉이 말했다. 너희들은 예수의 부활에 대해 도대체 무엇을 놀라와 하느냐? 예수의 부활이 놀라운 것이 아니라 오히려 그 분만이 부활한 것이 아니라 그 분은 다른 많은 죽은 자들을 부활시켰다는 사실이 더욱 놀라운 것이다. 그분이 부활시킨 많은 이들이 예루살렘에 나타난 바 있다. 너희들이 아직까지 그분이 부활시킨 또 다른 사람들의 이름을 모른다면, 예수를 자신의 팔에 안았던 시므온과 그의 두 아들을 예수께서 부활하도록 만드셨다… 우리는 그들을 얼마 전에 장사지냈는데 지금 그들의 무덤이 열려 있고 비어 있는 것을 볼 수 있을 것이다" (그리스도의 지옥여행 1:1). 죽었다가 다시 살아난 사람들의 이름 속에는 카리누스(Karinus)와 류키우스(Leucius)의 이름도 등장하고 한 무리의 수많은 죽었다가 부활한 흰 옷 입은 사람들도 등장한다. 이들은 한결같이 사신들이 그리스도와 함께 죽은 자들로부터 부활했음을 말하고 있다. 더 나아가서 그리스도와 함께 죽은 자들로부터 부활한 사람들의 수효가 12,000명에 해당된다는 보도도 등장한다. 그러면 이와 같은 보도들은 무엇을 의미하는가? 그 의미는 그리스도의 죽음과 부활 및 지옥여행 더불어 지옥의 문은 파괴되었고 믿는 자들의 부활이 시작되었다는 것이다. 따라서 믿는 자들의 부활은 멀리 있는 것이 아니고 부활은 이미 시작되었고 죽음에서 부활이 일어나고 있음을 말하고 있는 것이다. 천상에는 그리스도 한 분만 부활해 있는 것이 아니고 많은 순교자들과 믿음의 성도들이 부활해서 그리스도의 이름을 찬양하고 있는 것이다.

Ⅲ. 그리스도의 재림과
부활한 자들의 출현

부활이 이미 시작되었고 죽음에서 부활이 일어난다면 그리스도 재림 때의 부활은 무슨 의미일까? 그리스도 재림 때의 부활이란 성경의 가르침은 결국 잘못된 가르침이 아닐까?

우리가 이 문제를 해결하기 위해 특별히 유념해야 하는 것은 성경의 글이나 초대 교회의 문헌들을 읽어나갈 때 그 글의 초점과 저자의 시각이 어디에 있는가를 생각하면서 읽어야 한다는 점이다. 예컨대 고린도전서 15장은 그리스도 재림 때의 부활을 언급하고 있고, 고린도후서 5장은 죽음에서의 부활을 언급하고 있는데 모두 같은 사람인 바울의 글이다. 그런데 바울은 이 두 가지 부활을 언급하면서도 조금도 모순을 느끼고 있지 않았다. 왜 그랬을까? 바울은 고린도전서 15장을 쓸 때에는 오실 그리스도에 초점을 맞추고 있었다. 바울은 그리스도께서 오실 때 우주적인 변화가 일어나고 죽은 자들이 나타나는 부활이 있는 것을 말하고 있었다. 그런 까닭에 고린도전서 15장만 읽고 있으면 죽음에서 일어나는 부활은 알 수 없게 된다. 그런데 고린도후서 5장을 쓸 때의 바울은 자신의 죽음이 임박해 오고 있다는 것을 느끼고 있었다. 이것은 "겉 사람은 날로 낡아가나"(고후 4: 16)라고 말하는 바울의 말로도 충분히 짐작할 수 있다. 고린도후서의 바울은 자신의 죽음에서 어떤 변화가 일어나는지에 관심을 갖고 여기에 초점을 맞추어 고린도후서 5장을 쓰고 있는 것이다. 고린도후서 5장의 바울에 의하면 죽음에서 부활을 얻게 된다는 것이다.

　　그런데 우리가 여기서 기억해야 하는 것은 죽음에서 부활이 일어난다해도 그것은 개인의 실존적인 차원에서의 하나의 구원일 뿐이지 아직 역사의 완성은 아니라는 점이다.[4] 역사의 완성은 그리스도의 재림과 더불어 일어나는 우주적 차원의 변화이다. 이 때 천

---

4) 그레스하케(G. Greshake)는 죽음에서 일어나는 부활을 역사의 마지막에 일어나는 우주적 부활의 "선취"(Antizipation)로 보는 것이 대단히 의미있는 것이라고 말하고 있다. G. Greshake／G。Lohfink, *Naherwartung Auferstehung Unsterblichkeit*(Freibur/Basel/Wien:Herder, 1982), p.181.

상에 있던 부활한 성도들은 그리스도와 함께 나타나게 될 것이다. "우리 생명이신 그리스도께서 나타나실 때에 너희도 그와 함께 영광 중에 나타나리라"(골 3:4). 이 천상에서부터 나타나는 성도들도 지상의 관점에서 보면 아직 부활하지 못하고 무덤 속에 있던 자들이나. 이런 까닭에 마지막 날은 무덤이 열리고 부활이 일어나는 날이다. 땅 위에 살아 있는 성도들의 몸에도 큰 변화가 일어날 것이다. 성도들의 몸에만 변화가 일어날 것이 아니라 전체 우주가 새로운 모습으로 변화를 입게 될 것이다. 이 날은 죽음이 완전히 소멸되는 날이고 그리스도의 영광이 우주적으로 빛나는 날이다. 그러므로 그리스도의 재림의 날은 성경이 대망하는 기다림의 정점이다.

그리스도의 교회는 부활을 선포해야 한다. 부활은 그리스도를 믿는 믿음에서 시작되고, 죽음에서 그 모습이 구체적으로 드러나고, 그리스도 재림의 날 우주적 차원의 부활이 지상에 영광스럽게 전개될 것이다. 사도들과 초대 교회는 몸이 없는 미래의 삶을 알지 못하고 있었다. 초대교회의 위대한 교부였던 이그나티우스(Ignatius)에 의하면 몸의 부활을 믿지 못하는 자는 몸이 없어지게 되고 악령과 유사하게 된다.[5] 몸이 없는 영혼만의 천국행을 오랫동안 가르쳐온 그리스도의 교회는 희랍 철학에 의해 심각하게 훼손된 부활의 복음을 원형대로 바르게 복구해서 몸이 다시 살고 영원히 사는 부활의 기쁨을 만백성에게 새로이 전해야 할 것이다.

---

5) 서머나에 보낸 이그나티우스(Ignatius)의 편지 2장 참고. 이그나티우스는 초대교회의 정신을 대변해서 예수께서 예언자들을 부활시켰다고 증언하고 있다.(마그네시어에 보낸 이그나티우스의 편지 9:2)

결 언

죽음 이후에 인간의 영혼은 존속한다. 이 인간의 영혼은 인간 존재를 지칭하는 대명사이다. 성도들의 영혼은 주님의 은혜로 천국에 존재할 것이다. 낙원은 천국의 영역으로 보아야 한다. 그리스도와 함께 있다는 성경의 표현은 그리스도의 품에 잠들어 있는 것의 상징이 아니다. 그것은 그리스도와 함께 천국에서 거하는 행복한 삶을 지칭하는 표현이다.

그런데 천국에 존재하는 영혼을 육체 없는 그림자 같은 존재로 보아서는 안 된다. 천국에 있는 성도들은 영의 몸을 지니고 있다. 이 영의 몸은 부활체로 보인다. 그것은 부활하신 그리스도의 모습에 상응하는 모습일 것이다. 마지막 날의 부활은 천국에 있는 성도들이 그리스도와 함께 지상으로 강림하는 것과 연결되어 있다. 어쩌면 하늘이 열리고 나타날 수 있고, 땅의 무덤이 열리고 나타날 수 있을 것이다. 지상의 관점에서 보면 무덤 속에 있던 성도들이 무덤을 열고 나타나는 사건일 수 있다. 성도들 개개인의 천국의 삶은 마지막 날의 우주적 차원의 변화와 완성의 선취(Vorwegnahme)이다. 그것은 아직 우주적 완성이 아닌, 성도 개인에게 일어난 우주적 기쁨의 작은 선취이다.

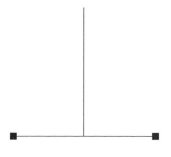

제 3 부

만유구원론의 등장과
구원론의 새 지평에 대한
신학적 평가

제 5 장

믿지 않고 죽은 자들에게도
희망이 있을까?

– 몰트만(J. Moltmann)의 만유구원론과
구원론의 새지평 –

서 언

예수 그리스도의 복음이 세상에 전파되고 있다. 이 복음을 믿는 자들은 구원받을 것이고 믿지 않는 자들에게는 구원이 없다. 그런데 예수 그리스도의 복음이 전 세계에 퍼져있다는 오늘날에도 그리스도인의 숫자는 아직 전 세계 인류의 다수를 점하지 못하고 있다. 인류가 시작된 이래로 예수 그리스도의 복음을 믿고 세상을 떠난 사람들은 지극히 소수이다. 하나님께서는 이 인류의 절대다수를 지옥에 쓸어 넣으셨을까? 십자가에 계시된 놀라운 자비의 하나님께서 정말 인류의 절대다수를 지옥에 쓸어 넣으셨고, 앞으로도 그렇게 하실까?

물론 이 질문에 대해 그러하다고 답할 수 있다. 그러나 이 질문에 대해 그러하다고 답힐 수 없는 사람들 중 상당수는 타종교의 구원의 가능성을 열고 있다. 종교다원주의 신학은 타종교도 그리스도교와 동일한 구원의 길임을 주장하고 있다. 그러나 종교다원주의 신학은 예수 그리스도의 복음에 생명을 걸고 있는 수많은 그리스도인들이 받아들일 수 있는 신학적 이론은 못 된다.

그런데 몰트만의 종말론은 예수 그리스도의 복음을 통해 믿음 없이 죽은 자들에게 희망을 주는 신학적 이론을 제공하고 있다. 이 놀라운 몰트만의 신학이론은 1995년 출간된 그의 종말론인 『오시는 하나님』(Das Kommen Gottes)과 2003년 출간된 『마지막에 시작이 있다』(Im Ende-der Anfang)에 집대성되어있다. 그렇다면 몰트만은 어떻게 믿음 없이 죽은 자들에게 희망을 주고 있을까? 몰트만의 종말론이 말하는 죽은 자들에 대한 희망은 무엇인가?

Ⅰ. 만인의 선택과 만인의 화해를
가르친 바르트(K. Barth)의 신학

몰트만 이전에 바르트는 온 인류가 예수 그리스도 안에서 선택되어 있고, 온 인류는 예수 그리스도의 죽음을 통해 하나님과 화해되어 있다는 놀라운 신학 이론을 체계화시켰다. 이 바르트의 신학 이론은 온 인류 구원을 예수 그리스도의 복음 밖에서 찾지 않고 예수 그리스도의 복음 안에서 찾고 있다는 점에 있어서 종교다원주의 신학과는 근본적으로 다른 길 위에 존재하는 신학 이론이다. 몰트만의 믿음 없이 죽은 자들의 구원과 희망을 예수 그리스도의 복음 안에서 찾는 방향은 이미 바르트가 체계화시킨 신학 방향과 많은 부분 일치하고 있고, 더욱 정확히 언급하면 몰트만의 종말론은 바르트 신학의 발전이자 바르트 신학의 놀라운 신학적 완성이라고 볼 수 있다. 그런 까닭에 우리는 먼저 바르트의 예정론과 화해론에서 나타나고 있는 온 인류를 향한 구원의 가능성을 먼저 살펴보고, 이 바르트의 신학 이론이 몰트만의 신학 이론으로의 발전의 과정과 내용을 살펴보고자 한다.

1. 바르트의 예정론(*KD Ⅱ/2*, 1942)

1942년 바르트는 그의 『교회교의학』(*Kirchliche Dogmatik*) 제 2부의 제 2권(Ⅱ/2)을 출간시키면서 세계의 신학계를 놀라게 했는데, 그 놀라움의 중심에는 그의 예정론이 존재하고 있었다. 바르트는 1942년『교회교의학』을 통해 발표한 예정론에서 예수 그리스도께서 "단 한 분 버림받으신 분"(Der einzig Verworfene)으로 규정했다[1]. 바르트에 의하면 영원 전에 일어난 하나님의 예정은 인류의 일부는 천국으로, 인류의 나머지는 지옥으로 보내기로 한 예정이 아니고, 예수 그리스도를 통해서 모든 인류를 살리기로 작정한 하나님의 예정이었다. 바르트에 의하면 영원 전에 일어난 하나님의 예정은 예수 그리스도를 버리시고, 대신 모든 인류를 살리기로 작정한 예정이었다. 하나님께서는 예수 그리스도를 버리시고 모든 인류를 선택하셨다. 바르트에 의하면 하나님에 의해 버림받은 자는 예수 그리스도 밖에 없다. 하나님께서는 그 누구도 버리지 아니하셨다. 이런 관점에서 바르트는 예수 그리스도를 "단 한 분 버림받으신 분"으로 규정했다.

바르트에 의하면 하나님의 예정이란 인간을 버리지 아니함(Nicht-Verwerfung des Menschen)을 뜻한다[2]. 즉, 예정은 하나님의 사랑에 근거한 극단적인 대속의 행위이자, 극단적인 대리적 교환을 의미한다. 하나님께서는 버림받을 인간을 대신해서 예수 그리스도를 버리셨다. 하나님께서는 모든 인류와 예수 그리스도를 교환하셨고, 버림받을 인류를 살리시고, 예수 그리스도를 버리기로 작정하셨다. 그리고 이 하나님의 예정은 마침내 예수 그리스도의 십자가 속에 나타났고 구현되었다.

1942년에 등장한 바르트의 예정론은 이미 만인구원을 향해 정초되어있다. 왜냐하면 하나님의 예정이 인간을 버리지 아니함을

---

1) *KD Ⅱ/2*, 389. 552

2) *KD Ⅱ/2*, 183.

뜻하고, 영원 전에 이미 하나님께서 만민을 구원하시기로 작정했다면, 이 만민 속에는 예수 그리스도의 복음에 접맥되지 않고 있었던, 또한 현재에도 접맥되고 있지 않고 있는 헤아릴 수 없이 많은 사람들이 포함되어 있을 것이고, 그들에게도 구원의 가능성이 열려있다고 보아야 하기 때문이다. 바르트는 전통적 칼뱅주의자들이 주장했던 것과 같은 하나님의 예정이 소수의 특별히 선택받은 사람들에게만 적용된다는 사고를 반대했다. 바르트의 예정론은 특수한 집단이 하나님의 구원을 독점하는 구원의 분파주의적 성격을 파괴시키고, 구원의 보편성을 향해 길을 연 매우 중요한 신학 이론이었다.

그러나 바르트는 그의 예정론에서 하나님의 예정이 만민을 향하고, 하나님께서는 예수 그리스도 외에 그 누구도 버리지 않으셨다고 강력하게 주장했지만 모든 사람이 구원에 이를 것이라고 단언하지는 않았다. 바르트에 의하면 영원 전에 일어난 하나님의 예정은 역사 속에서 인간과의 만남을 통해 구현되는 만남의 사건이기 때문에, 아직 모든 사람이 구원에 이르렀다거나, 구원에 이를 것이라고 단언할 수 없다는 것이었다. 그렇다면 영원 전에 하나님에 의해 예정되었지만, 아직 복음과 접맥되어 있지 않는, 믿음을 갖고 있지 않는 자들의 구원은 어떻게 되는가? 전통적 칼뱅주의의 예정론은 믿음에 이르지 못한 자들은 예정된 자들이 아니고, 그들의 종국은 저주이고 지옥이라고 단언했지만, 바르트의 예정론은 구원과 저주의 긴장 속에 그들을 남겨두고 있다.

2. 바르트의 화해론

(*KD IV/1 – KD IV/4*, 1953-1967)

바르트는 1953년 그의 『교회교의학』 IV/1을 쓰면서 객관적 화해론을 발전시켰다. 바르드의 객관적 화해론은 1942년 발전시킨 그의 예정론과 더불어 굉장한 신학적 관심을 집중시킨 이론이었는데, 그 중심에는 만인구원론의 문제가 자리 잡고 있었다.

바르트에 의하면 예수 그리스도께서는 십자가에 죽으실 때 만민의 죄를 짊어지고 죽으셨다. 그러므로 만민의 죄는 이천년 전 십자가에서 이미 해결되었다. 바르트의 화해론을 객관적 화해론이라고 하는 이유는 예수 그리스도의 죽으심으로 모든 인간이 하나님과 화해되었다고 보는 관점 때문이다. 즉, 그리스도의 죽으심으로 믿는 자이건 믿지 않는 자이건 객관적으로 하나님과 화해되어 있다는 관점이다. 모든 사람은 하나님의 용서를 받고 있고 하나님과 화해되어 있다. 이것은 객관적 진리이다.

전통적 속죄론이 예수 그리스도를 믿는 자는 하나님과 화해되고 하나님의 용서를 받는다고 가르친 것(주관적 믿음의 고백이 중요함)과는 매우 중요한 차이가 있다. 바르트에 의하며 우리가 하나님과 화해된 순간은 우리가 예수 그리스도를 믿는 믿음의 순간이 아니고, 이천년 전 예수 그리스도께서 십자가에서 죽으셨을 때이다. 만민의 죄는 이천년 전 그리스도의 죽으심으로 해결되었다.

그렇다면 바르트는 만인구원론을 주장하는 것인가? 그렇지 않다. 바르트에 의하면 자신은 만인이 화해되었다는 것을 말하고 있는 것이지 만인이 구원받았다는 것을 말하고 있지 않다고 밝혔다. 즉 만인화해론(Allversöhnungslehre)과 만인구원론

(Allerlösungslehre)은 근본적으로 차이가 있다는 뜻이다. 그리스도의 죽으심으로 만민은 하나님과 화해되었다. 그러나 만민이 구원받고 있는 것은 아니다. 그렇다면 화해와 구원은 어떤 차이가 있는가?

바르트는 이 차이를 설명하기 위해 이해하기 쉽게 예를 들어 설명했다. 2차 세계대전 때 어떤 사람이 나치를 피해 오스트리아의 알프스의 깊은 산중으로 은신했다. 그는 산중에서 살게 되었기 때문에 엄청난 고생을 겪게 되었다. 그런 가운데 마침내 나치가 망하고 오스트리아의 모든 도시에는 자유와 평화가 오게 되었다. 그러나 알프스 산중에 은신해 있는 이 사람은 아직 자유와 평화를 맛보지 못하고 있었다. 왜냐하면 그는 아직 나치가 망한 것을 모르기 때문이다. 이 사람이 구원을 받으려면 누군가가 나치가 망한 기쁜 소식을 이 사람에게 전해야 하고, 이 사람은 그 기쁜 소식을 듣고 믿어야 하며, 알프스 산에서 자기의 발로 오스트리아의 자유와 평화의 도시로 내려와야 한다. 이때에 비로소 그는 참으로 구원을 받게 되는 것이다. 바르트에 의하면 나치가 망한 것이 바로 화해의 사건이다. 이 화해의 사건으로 자유와 평화는 객관적인 실체가 되었다. 그러나 알프스에 은신한 사람은 아직 구원받지 못했다. 그의 구원은 누군가가 이 기쁜 소식을 전해야 하고 그 전한 소식을 듣고 믿음으로써 이루어진다. 바로 이 화해와 구원 사이의 시간이 교회의 시간이요, 선교의 시간이요, 성령의 시간이다.

바르트는 이 객관적 화해론을 발전시키면서 하나님의 행위와 인간의 행위를 구별시켰다. 화해는 인간과 관계없는 하나님의 독자적 행위였다. 그러나 믿음은 하나님께서 행하신 행위에 대한 인간적 응답이다[3]. 바르트에 의하면 믿음은 하나님의 극단적 은총에 대한 인간의 겸손한 순종이다. 믿음은 하나님의 은총에 대한 인간의 책임적 행위로서 하나님의 은총을 받아들이는 것이다. 믿음은 그리스도 예수 안에서 모든 사람이 하나님과 화해되어 있다는 사실을 아는 것이다. 인간의 구원은 알프스 산중에 은기혜 있는 사람이 자유와 평화의 소식을 믿을 때 자기의 것이 되는 것처럼 예수 그리스도를 통해 주어진 객관적 현실을 믿을 때 자기의 것이 된다.

바르트가 만인화해론과 만인구원론을 구별하면서 자신은 만인화해론을 주장하는 자이지 만인구원론을 주장하는 자가 아니라고 말한 말의 뜻은 위의 바르트의 객관적 화해론의 설명을 통해 충분히 이해할 수 있지만, 그럼에도 불구하고 여전히 심각한 신학적 문제는 남아있다. 만민이 하나님과 화해된 것이 틀림없고, 하나님께서는 십자가에서 만민의 죄를 용서하신 것이 틀림없다면, 마지막까지 복음을 거부하고 있거나 복음에 접맥되어 있지 않는 자들은 어떻게 될까? 그들이 복음을 받아들이지 않았기 때문에 결국 심판을 받아야 할까? 바르트의 만인화해론에 의하면 하나님께서는 그들의 죄를 이미 용서하시고 그들이 받을 저주와 심판을 이미 예수께서 짊어지셨는데, 어떻게 하나님께서는 또 그들을 심판할 수 있단 말인가? 하나님에 의해 버림받으신 분은 예수 그리스도 밖에 없는데, 예수 그리스도 외에 또 버림받는 자가 있단 말인가?

바르트는 자신의 만인화해론을 만인구원론과 일치시키기를 거부했지만 상당수의 신학자들은 그의 만인화해론은 만인구원론을 향하고 있다고 보았다. 그러나 이런 평가는 하나의 신학적 상상

---

3) *KD* II/1, 707.

일 뿐이고 실재로 바르트가 구원론을 쓸 때 어떤 결론이 날지는 알수 없었다. 바르트는 그의 화해론을 쓰고 난 이후 구원론을 쓸 계획을 갖고 있었다. 만인화해론을 발전시킨 바르트가 구원론을 쓴다면 믿음 없이 살다 간 사람들, 그리고 아직도 복음에 접맥되지 못하거나 복음을 거부하고 있는 사람들의 미래가 어떻게 그려질지는 참으로 관심이 가는 것들이었다. 그러나 바르트는 1968년 세계 신학자들의 기다림을 외면한 채 그의 구원론을 쓰지 못하고 하나님의 부르심을 받게 되었다.

Ⅱ. 만유구원에 대한 몰트만(J. Moltmann)의 희망

바르트가 세상을 떠난지 27년 만에 바르트가 남겨놓은 신학적 숙제가 『희망의 신학』으로 널리 알려진 몰트만에 의해 해결의 실마리가 풀리게 되었는데, 이 놀라운 신학적 업적을 담고 있는 책이 1995년 출간된 『오시는 하나님』(Das Kommen Gottes)이었다. 몰트만은 이 『오시는 하나님』을 출간시키면서 바르트가 남겨놓은 신학적 숙제를 정면으로 파고들어 해결을 시도했는데, 몰트만에 의해 드러난 이 문제에 대한 신학적 답은 놀라웁게도 만유구원에 대한 희망이었다[4]. 몰트만은 바르트처럼 나는 만인구원론을 주장하지 않는다. 그런다고 만인구원론을 반대하는 것도 아니다라는 애매한 결론을 비판했다. 몰트만은 예수 그리스도의 십자가 속에 만유구원의 하나님의 의지가 분명히 나타났고, 이 하나님의 의지는 구현될 것으로 믿었다. 그렇디면 몰트만에 의해 전개된 그의 만유구원에 대한 희망의 교리는 어떤 내용을 담고 있으며, 바르드기 남긴 신학적 숙제는 어떻게 해결되고 있을까? 몰트만은 믿음 없이 죽은 자들도 희망이 있다고 말하고 있을까? 만일 있다면 어떻게 믿음 없이 죽은 자들에게도 희망이 있는 것일까?

1. 영원한 지옥에 대한 반대

일반적으로 전통적 교회의 교리에 의하면 지옥은 영원하다. 한번 지옥에 처하게 된 사람은 다시는 그곳에서 빠져나올 희망은 없다. 그런 까닭에 이 생애에 죽기 전까지 반드시 예수 그리스도에 대한 신앙을 가져야 하고, 이 신앙을 갖지 못하고 죽은 사람은 결국 영원히 지옥에서 살 수 밖에 없고 영원한 형벌을 받게 된다.

그런데 우리는 여기서 몇 가지 상식적인 질문을 할 수 있다. 이

---

4) 몰트만의 종말론을 만유구원론으로 규정하는 문제에 대해서는 세심한 주의가 요청된다. 왜냐하면 몰트만은 기계론적으로 만유가 구원에 이른다고 단정하고 있지 않기 때문이다. 몰트만은 하나님의 마지막 결정에 대해 다음과 같이 말하고 있다. "만유구원(Allversöhnung)은 이단도 아니고 더 이상 책망할 이론도 아니다. 그것은 하나님의 선하심에 대한 신뢰와 희망의 표현이다. 그러나 만유구원에 대한 결정은 하나님의 일(Gottes Sache)이다." (J. Moltmann, *Im ende-der Anfang* (München:Kaiser, 2003), 166). 몰트만은 기계론적인 특징의 만유구원론을 주장하고 있는 것이 아니고 만유구원에 대한 희망의 교리를 주장하고 있다고 보는 것이 옳다.

질문들은 교회 밖의 많은 사람들이 제기하는 질문이기도 하다. 예수 그리스도의 복음이 전파되기 이전의 사람들은 다 지옥에 갔는가? 복음이 전파되지 않는 곳에 살았던 사람들은 복음을 들을 가능성도 없었을 텐데 그들이 모두 지옥에 갔다고 말하는 것이 정말 가능한가? 태어나면서 죽은 아이도 지옥에 갔는가? 예수 그리스도를 믿을 가능성이 전혀 없었는데 그들을 모두 지옥에 보내고, 그것도 몇 년간 지옥에 있는 것도 아니고 영원히 지옥에 있게 하는 것이 정말 사랑과 자비의 신이라고 하는 기독교의 하나님의 행위일까? 또한 이 땅에서 평생을 살다가 죽어 지옥에 가는 사람이라 할지라도, 그들이 이 세상에도 도대체 얼마나 잘못했기에 지옥에 영원히 있게 할 수 있다는 말인가? 지옥의 형벌의 불에 100년만 있어도 이 세상에서의 죄에 대한 심판을 충분히 받고도 남을 텐데, 100년도 아니고 만년도 아니고, 어떻게 영원한 지옥 형벌을 줄 수 있다는 말인가?

자비와 사랑의 신에 대한 교회의 가르침과 영원한 지옥에 대한 교회의 가르침 사이에는 위와 같은 대단히 심각한 갈등들이 존재하고 있다. 몰트만에 의하면 자비와 사랑의 하나님과 영원한 지옥 형벌을 내리시는 하나님은 같은 하나님으로 보기 어렵다. 몰트만에 의하면 영원한 지옥 형벌이 있다면 십자가에 계시된 자비와 사랑의 신은 무의미해진다.

몰트만에 의하면 지옥은 영원하지 않다. 물론 지옥은 있다. 이 세상에도 지옥은 있지만 죽음 이후에도 지옥은 있다. 아우슈비츠(Auschwitz)의 비극은 이 세상의 지옥을 상징적으로 잘 나타내준다. 하나님이 없는 곳, 그리스도의 자비와 은총의 빛이 전달되고 있지 않은 어두운 곳에 지옥이 있다. 그러나 몰트만은 지옥이 존재한다 해도 그 지옥은 영원하지 않다는 것이다.

사람이 죽으면 천국과 지옥으로 가는 사람으로 영원히 나뉜다는 교회의 가르침은 이중심판론이다. 이 이중심판론의 성경적 근거로 일반적으로 마 7:13-14과 마 25장의 미련한 처녀와 슬기로운 처녀의 비유 및 양과 염소의 비유 등이 언급된다. 또한 눅 16:23에는 음부에서 고통하는 부자에 대한 언급이 있고 막 9:48은 꺼지지 않는 지옥의 불에 대해 말하고 있다.

그런데 몰트만에 의하면 성경에는 이중심판론을 근거 지을 수 있는 본문만 있는 것이 아니고 만유구원론을 근거 지을 수 있는 본문도 다수 존재하고 있다고 보고 있다[5]. 몰트만에 의하면 행 3:21에 "만유를 회복하실" 하나님에 대해 언급되고 있고, 엡 1:10에는 하나님의 세상 경륜의 종국은 "하늘에 있는 것이나 땅에 있는 것이 그리스도 안에서 통일"되는 것으로 규정하고 있고, 골 1:20에는 예수 그리스도의 피로 하늘과 땅에 있는 모든 것이 하나님과 화해되었다고 전하고 있다. 이 본문들은 하나님의 세상 경륜의 종국은 모든 인간을 구원하는 것일 뿐만 아니라 인간을 넘어서서 만유를 구원하는 것임을 잘 나타내고 있다고 몰트만은 보고 있다.

몰트만에 의하면 바울신학에 많이 나타나는 아담과 그리스도 사이의 유형론은 만유구원론의 중요한 신학적 근거를 제공하고 있다. "아담 안에서 모든 사람이 죽은 것 같이 그리스도 안에서 모든 사람이 삶을 얻으리라"(고전 15:22). 몰트만에 의하면 모든 사람이 그리스도 안에서 삶을 얻는다는 것이 성경의 선포이다. 성경은 언제나 그리스도의 은혜가 만민을 구원하고 살릴 것이라는 구원의

---

5) J. Moltmann, *Das Kommen Gottes* (München:Kaiser, 1995), 268-270.

보편성을 선포하고 있지 제한성을 말하고 있지 않다. "하나님이 모든 사람을 순종치 아니하는 가운데 가두어 두심은 모든 사람에게 긍휼을 베풀려 하심이로다"(롬 11:32). 그리스도의 은혜는 만민에게 미치는 긍휼이고 하나님은 바로 이 긍휼로 만민을 구원하고, 만유를 구언하고자 하신다.

몰트만에 의하면 성경의 가르침에 따르면 이중적 심판론과 만유구원론 모두가 가능하다. 이 두 가지 중 전통적 교회의 신학은 이중적 심판론을 따랐지만, 이중적 심판론만이 성경적이라는 판단은 오류이다. 오히려 몰트만에 의하면 이중적 심판론이 아닌 만유구원론이 하나님의 마지막 행위를 설명하는 말이 아닐까 생각하고 있다. 몰트만에 의하면 성경에서 영원한 형벌을 표현할 때 나타나는 영원이라는 단어에 대한 연구가 필요하다고 보고 있다. 영원을 나타내는 헬라어 '아이오니오스'(aionios)는 같은 의미의 히브리어 '올람'(olam)과 마찬가지로 끝을 제한할 수 없는 긴 시간을 의미하는 것이지, 희랍 형이상학의 절대적 의미에서의 영원을 의미하는 것이 아니라고 몰트만은 주장하고 있다[6]. 그런 까닭에 이 단어들은 복수형 '아이오네스'(aiones)와 '올라민'(olamin)이 존재하고 있다. 성경에 나타나는 저주의 기간을 나타내는 영원은 바로 이런 의미에서 끝을 제한할 수 없는 긴 기간을 의미하는 것이지 절대적 의미에서의 영원은 아니다.

발터 미하엘리스(Walter Michaelis)는 저주와 심판과 영원한 죽음은 종말론적으로 관찰할 때 최후의 마지막 것이 아닌 "한 단계 이전의 것"(ein Vorletztes)으로 보았는데, 몰트만은 이를 매우

---

6) *Ibid*., 269.

정당하다고 평가했다[7]. 몰트만에 의하면 지옥의 저주와 고통은 있지만 그것이 하나님께서 원하시는 것이 아니다. 하나님께서 지옥을 원치 않으시기 때문에 지옥이 영원히 존재할 수는 없다. 하나님의 구원계획에 있어서 저주와 지옥은 최후의 것이 아니다. 최후의 것은 "보라, 내가 만물을 새롭게 하노라"(계 21:5)이다.

지옥의 영원성에 대한 반대는 17C와 18C의 계몽사상과 휴머니즘의 발전과 더불어 세계의 종교계와 사상계에 본격적으로 나타났다. 세속적 휴머니즘의 대표자들은 영원한 지옥에 대한 교회의 가르침에 강한 거부감을 나타내었고, 영원한 지옥을 반대했다. 그런데 영원한 지옥에 대한 반대로 몰트만이 중요하게 생각하는 사람들은 세속적 휴머니즘의 대표자들이 아니고, 성경만을 사랑했고, 성경을 일생토록 읽고, 설교했던 독일의 뷔르템베르크(Würtemberg)의 경건주의 신학자들이었다.

벵엘(J. A. Bengel, 1687-1752)에 의하면 천국과 지옥은 있지만 그 모든 것은 마지막 건설된 하나님 나라의 완성에 봉사한다. 따라서 지옥의 고통은 영원하지 않다. 벵엘의 탁월한 제자였던 외팅어(Fr. Chr. Oetinger, 1702~1782)는 자신의 스승의 이론을 더욱 발전시키고 확대시켰는데, 그에 의하면 은혜의 선택이 하나님의 길의 시작이라면 만유의 회복이 그것의 목표이고 종국이다. 외팅어는 특별히 만유의 회복이라는 개념을 발전시켰는데, 몰트만에 의하면 이는 매우 가치 있는 발전이었다.

19C와 20C에 있어서 독일 뷔르템베르크 경건주의의 대표적 인물은 요한 크리스토프 블룸하르트(J. Ch. Blumhardt, 1805-

---

7) *Ibid.*, 270.

1880)와 그의 아들 크리스토프 블룸하르트(Ch. Blumhardt, 1842-1919)였다. 이 블룸하르트 부자에게 있어서 만유의 구원은 희망의 고백이었다. 아버지 블룸하르트는 아들 블룸하르트에게 터 어키인 노예도 이집트인 노예도 신앙인으로 대할 것을 언제나 가르 쳤다. 왜냐하면 그들도 그리스도의 은총에서 제외되어 있지 않다 고 생각했기 때문이었다. 아버지의 정신을 이어받은 아들 블룸하 르트는 구원과 멸망을 대칭적으로 생각하는 사고는 잘못되었다고 가르쳤고, 하나님의 구원이 영원하기 때문에 비참이 영원할 수 없 다고 밝혔다. 아들 블룸하르트는 다음과 같은 '희망의 고백'을 선 포했는데 몰트만은 이 고백을 매우 긍정적으로 평가했다.[8]

> 희망의 고백이 교회의 관심에서 불행히도 완전히 벗어나 있다.
> … 하나님께서는 온 세상의 그 어떤 것이든 그 어떤 사람이든 단념하
> 지 않을 것이다. 이 사실에 대해 지금도, 영원히 말할 수 있다. …마지
> 막은 다음을 뜻할 것이다. 보라, 모든 것이 하나님의 것이다! 예수께서
> 는 세상의 죄를 짊어지신 분으로 오신다. 예수께서는 심판하시지만 저
> 주하시지는 않는다. 나는 이 사실을 지옥의 가장 밑바닥까지 가서라도
> 외치고 싶다. 그리고 나는 이 때문에 창피를 당하지는 않을 것이다.

몰트만에 의하면 구원과 멸망을 대칭적으로 사고하는 것은 잘 못이다. 전통적 교회의 가르침이 구원과 멸망을 대칭적으로 보는 경향을 갖고 있었는데 이는 바른 시각이 아니다. 몰트만에 의하면 하나님의 구원이 있는 한 언젠가는 구원 아닌 것은 종결되어야 한

---

8) J. Moltmann, *Wer ist Christus für uns heute?*, 이신건 역, 『오늘 우리에게 그리 스도는 누구신가?』(서울:기독교서회, 1997), 176.

다. 하나님께서는 그 어떤 것이든, 그 어떤 사람이든 단념하고 계시지 않는다. 모든 것을 회복하실 하나님께 희망을 두고 있는 한 영원한 지옥은 선포할 수 없다. 몰트만에 의하면 교회의 희망은 하나님께서 지옥도 없애고 지옥의 고통 속에 있는 모든 자들을 구원하실 것이다라는 것이다.

2. 그리스도의 지옥 여행과 파괴된 지옥

몰트만에 의하면 지옥은 열려져 있고 파괴되어 있다. "그리스도께서는 지옥을 열기 위해서 지옥의 고통을 당하셨다." [9] 그리스도께서 지옥의 고통을 당하시고 지옥을 열었기 때문에 지옥의 고통도 출구가 없는 고통이 아니다. "그가 지옥의 고통을 당하셨기 때문에 그렇지 않았다면 모든 희망이 떠날 수밖에 없는 그곳에도 희망은 존재하게 되었다." [10] 몰트만은 그리스도의 지옥의 고통의 경험으로 지옥의 문이 열린 것뿐만 아니라 지옥을 감싸고 있는 성벽이 무너졌다고 말하고 있다. "그의 고난으로 그리스도는 지옥을 파괴시켰다." [11] 몰트만은 고대 교회가 지옥을 파괴시켰다는 표현을 받아들이지 않았지만 이 표현이 바른 표현이라고 주장하고 있다. 지옥은 파괴되었고 더 이상 "영원한 저주는 존재하지 않는다." [12]

몰트만에 의하면 그리스도의 지옥 여행은 십자가의 고난에 대

---

9) J. Moltmann, *Das Kommes Gottes*, 282.

10) *Ibid*.

11) *Ibid*.

12) *Ibid*.

한 깊은 표현이다. 루터는 지옥을 어떤 특정한 장소라고 생각지 않았다. "지옥은 세상의 어떤 장소나 지하 세계의 어떤 장소가 아니고 하나의 실존적 경험인데 곧 죄와 하나님 없는 존재 위에 떨어지는 하나님의 저주와 진노의 경험이다." [13] 그런데 루터에 의하면 이 지옥의 고통을, 저주받은 세계를 하나님과 화해시키기 위해 그리스도께서 십자가에서 겪으셨다. 몰트만은 이 루터의 전통을 이어받아 그리스도께서 십자가에서 지옥을 파괴시키기 위해서 지옥의 고통을 겪으셨다고 보고 있다. "겟세마네에서 골고다까지 버려진 그리스도의 모습은 영원히 저주받은 한 인간의 버려진 모습이다." [14] 겟세마네에서의 그리스도의 기도는 하늘에 상달되지 않았고 응답되지 않았고, 그것은 그리스도의 지옥의 고통의 서곡이었다. "그리스도는 게헨나와 지옥에 떨어지고 있었다." [15] "십자가에서 죽으시면서 그리스도께서는 하나님 없는 세계에 떨어지는 하나님의 현재의 진노뿐만 아니라 미래의 진노와 미래의 지옥의 고통까지 겪고 계셨다." [16] 바로 이 그리스도의 지옥의 경험이 지옥을 열고, 지옥을 파괴시킨 결정적 근거이다. 몰트만에 의하면 십자가가 지옥이 파괴되었다는 결정적인 보증이다.

우리는 여기서 그리스도의 십자가의 죽음에서 파괴된 지옥을 발견한 몰트만의 발견의 중요성을 유념해야 한다. 왜냐하면 대개의 그리스도교 신학자들은 그리스도의 십자가의 죽음에서 인간의 죄의 속죄만을 발견하는 데에 멈추고 있기 때문이다. 대개의 그리스

---

13) *Ibid*.

14) *Ibid*., 283.

15) *Ibid*., 280.

16) *Ibid*.

도교 신학자들에게 그리스도의 십자가는 속죄의 상징이지 파괴된 지옥의 상징이 아니다. 그리스도의 십자가가 속죄의 상징으로만 멈추고 있으면 지옥은 파괴되어 있지 않고, 오직 믿음으로 죄용서 받은 사람만이 지옥에 떨어지지 않는 행운을 얻게 될 뿐이다. 그런데 몰트만은 그리스도의 십자가의 고난 속에서 지옥을 경험하는 고난을 읽었고 여기에서 파괴된 지옥이라는 매우 중요한 신학적 개념을 도출시키고 있는 것이다.

몰트만은 초대 교회가 가지고 있었던 그리스도의 지옥 여행이란 상징을 그리스도의 십자가에서의 지옥의 고통의 경험으로 재해석하면서, 그리스도의 십자가의 사건은 만인의 죄를 속량하는 사건일 뿐만 아니라 지옥의 문을 열고 지옥을 파괴시킨 사건으로 이해했다. 이런 이해를 근거로 몰트만은 다음과 같이 결론지었다. "그리스도의 지옥 여행은 궁극적으로 지옥과 죽음이 하나님 안에서 폐기되었다는 것을 뜻한다."[17] 그리스도께서는 우리의 지옥의 경험 속에서도 우리와 함께 계시고 우리를 그 지옥에서부터 꺼내주시는 분이시다. 모든 불행과 모든 버림받음과 모든 죄악과 모든 저주와 죽음과 허무에 굴복되는 모든 것들이 그리스도의 지옥의 경험으로 폐기되었다. 그리스도로 말미암아 지옥은 열려져 있고, 닫혀진 영원한 지옥은 존재하지 않는다.

---

17) *Ibid*.

3. 죽은 자들에게 전파되는 복음

예수 그리스도를 믿지 않고 죽은 자들의 장례식에서 목사는 무엇을 설교할 수 있을까? 몰트만에 의하면 그리스도께서 바로 그들을 위해 죽었다는 것을 설교해야 한다. 몰트만에 의하면 그들은 영원히 희망 없는 존재가 된 것이 아니고 믿지 않고 죽은 그 순간에도 여전히 그들은 그리스도 안에 있고 그리스도로부터 오게 된 희망의 빛 가운데 있다. 개신교 전통은 믿지 않고 죽은 자들에게는 영원한 형벌밖에 없다고 가르쳤다. 그런 까닭에 믿지 않고 죽은 자들에게 주어질 수 있는 어떠한 가능성도 차단했고 죽은 자들을 위한 기도도 거부했다.

그러나 몰트만에 의하면 죽은 자들을 위한 기도는 초대교회의 신앙 가운데 하나였다. 종교개혁이 일어나면서 종교개혁자들이 가톨릭교회의 연옥설을 반대하고 교리에서 제외한 것은 몰트만에 의하면 매우 잘한 일이었다. 왜냐하면 연옥설은 가르쳐서는 안 되는 업적과 행위를 통한 구원을 가르치고 있기 때문이고 그리스도를 통한 은총에 의한 구원론에 정면으로 위배되는 잘못된 이론이기 때문이다. 그러나 이 연옥설에 대한 반대가 산 자와 죽은 자 사이의 교제와 죽은 자를 위한 기도의 가능성까지 잘라낸 것은 잘못된 발전이었다. 왜냐하면 초대교회는 연옥설은 알지 못했지만 산자와 죽은 자의 교제와 죽은 자를 위한 기도는 너무나 당연한 것으로 인식하고 있었기 때문이었다.

몰트만에 의하면 믿지 않고 죽은 자들도 그리스도 안에 있다. 벧전 4:6에 "죽은 사람들에게 복음이 선포된다"고 기록되어 있고, 벧전 3:9에 "그리스도께서 옥에 있는 영들에게 전파하셨다"고 언급되어있다. 몰트만은 이 본문들은 죽은 자들도 그리스도와의 연대성 속에 있다는 뜻이고 그들에게도 구원의 가능성이 충분히 열려있다는 의미를 전달해 준다고 보고 있다.[18] 그리스도를 믿지 않고 죽은 자들도 희망이 있다. 예수 그리스도 이전에 죽은 자들도 복음의 소급하는 능력에 의해 신앙에 이를 수 있다.[19] 죽음도 그 무엇도 그리스도와의 교제에서 끊을 수 있는 것은 아무것도 없다. 그러므로 인간의 죽음을 기준으로 희망의 가능성을 차단시키는 것은 잘못이다. 그들이 아직 구원에 이르지 못했다할지라도 그들을 완전히 버려진 자로 인식하는 것은 잘못이다. 십자가는 그 누구도 버리지 않는다는 하나님의 은총의 표현이다. 죽은 자들은 그리스도 안에 있고 그들을 바르게 하고 그들을 살리고 영원한 생명으로 이끌어가는 희망과 은총의 빛이 그들에게도 작용하고 있다.

4. 죽음 이후에 계속되는 삶과 변화의 가능성

연옥의 교리는 종교개혁자들에 의해 거부된 교리이다. 몰트만 역시 연옥의 교리에 대해 종교개혁자들의 정신을 이어받아 상당부분 부정적인 관점을 갖고 있다. 몰트만은 종교개혁자들의 정신을 이어받아 그리스도의 죽음은 우리의 구원을 위해 완전하고 충분하기 때문에 죽음 이후에 구원을 위한 인간의 노력과 행위를 요구하는 연옥의 교리에 대해 부정적 입장을 피력했다. 몰트만에 의하면 죽은 자들의 죄의 속죄를 위한 미사도 불필요하고, 연옥에서의 정

---

18) *Ibid.*, 281.
19) *Ibid.*, 126.

화를 위한 형벌적 고통도 복음에 위배된다. 또한 몰트만에 의하면 연옥의 존재는 성경 속에 명확한 근거도 없다.

그러나 그럼에도 불구하고 몰트만은 연옥의 교리에 대한 긍정 성을 놀랍게도 표방했는데, 그 이유는 우선 이 연옥의 교리는 완성(Vollendung) 때까지의 중간기(Zwischenzeit)를 가정하고 있는 데, 이 중간기와 중간상태에 대한 이해가 중요하다고 보고 있기 때문이다. 몰트만에 의하면 죽은 자들은 그들의 영혼이 완성에 이를 때까지 중간 상태에 존재한다. 죽은 자들은 죽음에서 바로 완성에 이르거나 최종적인 형벌에 처해지는 것이 아니다. 죽은 자들은 하나님의 자비의 땅과 자비의 시간 속에 존재한다. 이 하나님의 자비의 땅과 자비의 시간 속에서 죽은 자들의 영혼은 변화되고 정화되고 새로워진다. 이 자비의 땅과 자비의 시간을 천국과 지옥으로 바로 일치시켜서는 안 된다.[20] 몰트만에 의하면 천국과 지옥은 최종 상태에 대한 표현이다. 몰트만은 죽은 자들이 바로 천국과 지옥에 있다는 표현을 쓰지 않고, 하나님 안에 있다는 표현을 쓰고 있다. 이 하나님 안에 있다는 말은, 하나님의 자비의 공간과 자비의 시간 속에 있다는 말이다.

몰트만은 태어나면서 바로 죽은 아이는 어떻게 되는가라는 신학적 질문을 제기했다. 그들은 지옥에 가는가 천국에 가는가? 4살 때 교통사고로 죽은 아이는 어떻게 되는가? 이 세상에서 삶을 제대로 살지도 못하고 굶어 죽고, 병으로 죽고, 전쟁으로 죽어간 수많은 제3세계의 사람들은 어떻게 되는가? 몰트만은 이와 같은 모

---

20) 『오시는 하나님』(1995) 에 등장하는 이 관점은 최근의 저서인 『나는 영생을 믿습니다』(2020) 에서는 변화된 것으로 보인다. 이유는 『나는 영생을 믿습니다』에서는 신자들의 영혼은 죽음에서 부활에 이르기 때문이다. 부활에 이른 존재는 천국에 산다고 보아야 한다.

든 질문에 대해, 그들은 하나님 안에 있다는 말로 답하고 있다. 그들은 이 세상을 떠났지만 하나님 안에 있다. 그들은 하나님의 자비의 땅과 하나님의 자비의 시간 속에서 그들의 못다한 삶을 이어갈 것이다. 몰트만에 의하면 그리스도께서는 죽으시고, 부활하시고, 살아나셔서 산자와 죽은 자의 주가 되셨다. 죽은 자의 세계 속에도 그리스도의 자비의 통치는 계속되고, 그리스도께서는 그들을 구원하셔서 그리스도와의 사귐 속으로 이끌고 계신다.[21)

몰트만에 의하면 죽음 이후에 중간기가 있고 중간 상태가 있다. 몰트만은 동방정교회가 이미 이 중간상태를 가르쳤는데 이 중간상태에 대한 가르침은 중요하다고 보고 있다. 그런데 몰트만에 의하면 동방정교회의 중간상태에 대한 가르침은 속죄를 위한 행위와 고행을 통한 영혼의 완성이 아니라 하나님의 자비를 통한 영혼의 완성이었고, 죽은 자들을 위한 속죄의 미사가 아닌, 죽은 자들에게 하나님의 자비가 임할 것을 기원하는 죽은 자들을 위한 기도였다. 몰트만은 이와 같은 동방정교회의 중간기에 대한 가르침은 옳은 가르침이라고 보고 있다.

몰트만에 의하면 하나님은 인간을 형벌하시는 것이 아니고, 죄를 심판하신다. 하나님은 인간에게 자비를 베푸시고 죄를 없게 하신다. 중간기에서의 인간의 정화와 새로워짐은 불로 인간을 형벌하는 잘못된 연옥의 교리의 형벌적 과정이 아니라 인간을 바르게 하고 새롭게 하시는 하나님의 자비의 행위이다. 인간은 이 중간기의 하나님의 자비의 시간과 자비의 땅에서 완성을 향해 변화될 것이다.

---

21) J. Moltmann, *Im Ende-der Anfang*, 149.

5. 인간의 결정과 하나님의 결정의 질적 차이

만유구원론이 옳은가 이중적 심판론이 옳은가를 결정하는 문제는 몰트만에 의하면 하나님의 결단과 인간의 결단이 어떤 관계에 있는가의 문제와 깊이 연관되어 있다. 몰트만에 의하면 유일회적인 하나님의 영원한 결단이 십자가에서 이루어졌다. "하나님은 소수의 선택받은 자들뿐만 아니라 '우주'를 그 자신과 화해시켰다(고후 5:19). 하나님은 믿는 사람뿐만 아니라 '세상'을 사랑하셨다(요 3:16). 멸망에서 구원으로의 위대한 전환은 골고다에서 일어났으며, 우리의 신앙의 결단이나 전향의 시간에 비로소 일어나는 것이 아니다. 신앙은 이 전환의 개인적 경험이요 수단이지 그 전환 자체가 아니다. 나의 신앙이 나에게 구원을 마련하는 것이 아니라 구원이 나에게 신앙을 마련한다."[22] 몰트만에 의하면 우리를 위한 하나님의 결정이 영원의 영역에 속한다면 신앙을 거부하는 우리의 결정은 시간의 영역에 속한다.[23] 인간은 자신의 잘못된 결정으로 자신의 무덤을 스스로 팔 수 있다. 그러나 그 잘못된 결정은 시간의 세계에 속하는 결정이다. 그는 결코 영원한 하나님의 결정을 뒤엎을 능력은 없다.

인간의 결정에 의해 모든 것이 궁극적으로 정해진다면 태어나면서 죽은 아이들의 운명은 어떻게 될까? 스스로 결정할 능력이 없는 정신 장애인들의 운명은 어떻게 될까? 회교권에서 살다 간 수많은 사람들이, 그들이 세상에 살아 있는 동안 과연 그리스도를 향해 결단할 수 있는 형편에 처해 있었을까? 인간의 결정에 의해

---

22) J. Moltmann, *Das Kommen Gottes*, 126.

23) *Ibid.*, 273.

인간의 궁극적 운명이 결정된다면 인간은 자신에 대해 스스로 신이 되는 것이 아닐까? 몰트만에 의하면 인간의 운명을 궁극적으로 정하신 분은 인간이 아니라 하나님이시다. 그 인간의 궁극적 운명이 십자가에 계시되었는데, 그것은 구원이고 열락이었다.

몰트만에 의하면 인간의 결정과 하나님의 결정은 대칭적인 것이 아니고 심각하게 비대칭적이다. 하나님의 결정이 절대 우위의 능력을 갖고 있다. 인간은 끝없이 그리스도를 거부할 수 있다. 그러나 그것은 영원히 인간을 사랑하는 하나님의 사랑의 영원성을 극복할 수 없다. 몰트만은 다음과 같이 말하고 있다. "하나님은 인간을 영원한 삶을 위해 창조하셨다. 그러므로 하나님은 인간을 그의 영원한 현존의 삶 속으로 인도하실 것이다. 이 일에 인간의 반역도 죽음도 하나님을 방해할 수 없다. 왜냐하면 하나님은 하나님이시기 때문이다."[24] 로빈슨(J. A. T. Robinson)에 의하면 인간의 자유 때문에 천국과 지옥의 양자택일이 있다. 그러나 하나님의 사랑 때문에 우주는 구원받을 수밖에 없다. 그렇지 않으면 하나님은 하나님이 아니실 것이다. 지옥은 하나님의 사랑의 그럼에도 불구하고 (nevertheless)에 의해 한계 지워져 있다. 몰트만은 이와 같은 로빈슨의 관점을 정당하다고 파악하고 있다.[25]

몰트만에 의하면 모든 사람이 이미 하나님과 화해되어 있다는 바르트의 견해는 전적으로 옳다. 모든 인간은 그리스도 안에서 "객관적으로"(objektiv) 화해되어 있다.[26] 그들이 그것을 알고 있든지 모르고 있든지 그것은 이미 하나님에 의해 영원히 정해진 객관

---

24) J. Moltmann, *In Ende-der Anfang*, 181.

25) J. Moltmann, *Das Kommen Gottes*, 273.

26) *Ibid.*, 276.

적 사실이다. 그러므로 그리스도인들은 다른 모든 사람들을 그리스도 안에서 화해되어 있는 사람으로 보아야 한다. 몰트만에 의하면 믿지 않는 자들의 불신앙을 하나님께서 화해시킨 영원한 하나님의 결정보다 크게 보면 안 된다. 하나님이 계시는 한에 있어서 하나님이 원치 않은 어떤 것이 영원히 존재할 수 없다. 불신앙과 저주는 인간의 자유와 시간의 영역에 속한다. 그러나 만유를 구원하는 하나님의 사랑과 능력은 영원히 계속될 것이다.

6. 죽은 자의 부활

몰트만은 마지막 때에 있을 죽은 자의 부활을 크게 2가지 단계로 나누어 생각하고 있다. 첫째 단계는 '죽은 자들로부터의 부활'(Auferstehung aus den Toten)이고 둘째 단계는 '죽은 자들의 부활'(Auferstehung der Toten)이다. 첫째 단계인 '죽은 자들로부터의 부활'은 모든 인류의 부활이 아니고, 특정한 부류의 사람들의 부활인데, 몰트만에 의하면 믿는 자들의 부활이 여기에 속한다. 그리고 둘째 단계인 '죽은 자들의 부활'은 모든 인류의 보편적 부활을 뜻한다.

몰트만에 의하면 '죽은 자들로부터의 부활'은 천년왕국에서 일어난다.[27] 이 천년왕국에서 믿는 자들의 부활이 있을 것이다. 몰트만은 이스라엘의 부활도 이때에 있을 것으로 추정하고 있다. 몰

---

27) 『오시는 하나님』에서 천년왕국에서 일어나는 죽은 자들로부터의 부활 사상은 『나는 영생을 믿습니다』에서는 죽음에서 일어나는 부활에도 적용하고 있는 것으로 추론된다. 이유는 죽음에서 부활한 성도들이 천국에 있는 것이 종말에 일어날 보편적 부활의 선취로 몰트만이 이해하고 있기 때문이다.

트만이 믿는 자들과 이스라엘의 부활이 보편적 부활의 앞에 있을 것으로 추론하는 것은 믿는 자들과 이스라엘에 대한 특별한 위치를 인정하고 있다는 것을 뜻한다. 그러나 이 천년왕국은 아직 하나님께서 모든 것을 완성한 새 하늘과 새 땅은 아니다. 최후의 심판과 만유의 회복은 천년왕국에서의 사건은 아니다.

몰트만은 요한계시록이 천년왕국 이후에 곡과 마곡의 반란이 있고 최후의 심판과 새 하늘과 새 땅을 예언하고 있다고 보고 있다. 몰트만은 천년왕국 이후에 건설될 새 하늘과 새 땅에서 모든 인류의 보편적 부활인 '죽은 자들의 부활'이 있을 것으로 보고 있다. 이 '죽은 자들의 부활' 때 모든 인류는 부활할 것이다. 몰트만에 의하면 이 땅에서 예수 그리스도에 대한 믿음 없이 죽은 자들도 이 마지막 날의 '죽은 자들의 부활'에 참여한 것으로 기대하고 있다. 몰트만에 의하면 마지막 순간까지 복음이 전파될 것이고, 모든 인류는 복음에 접맥될 것이다. 십자가의 복음은 끊임없이 선포될 것이고, 마지막 날 그리스도께서 나타나시는 날에는 십자가의 복음 속에 내포되어 있었던 것이 명백하게 "드러날"(offenbar)것이다.[28]

최후의 심판은 몰트만에 의하면 자비의 심판이다. 이 자비의 심판은 총체적 용서를 선포하는 심판이고 모든 것을 살리는 심판이다. 몰트만에 의하면 그리스도의 심판은 죄를 불태우고 죄인을 살리는 심판이다. 그것은 인간을 살리고 바르게 하고 의롭게 하는 심판이다. 악을 악으로 갚는 보복의 심판은 그리스도의 십자가에 모순된다. 마지막 날 최후의 심판 때, 모든 인류의 악은 심판받아

---

28) *Ibid*., 280.

없어질 것이고, 하나님의 놀라운 구원이 나타날 것이다. 이런 까닭에 몰트만에 의하면 마지막 심판의 날은 기쁜 날이다. 이 날은 두려운 날이 아니고 "가장 놀랍고 놀라운"(Das Wunderbarste) 일이 일어나는 날이다.[29] 그리스도께서 심판하시는 하나님이라는 것은 십자가에 달리신 은총의 하나님이 심판의 주라는 뜻이다. 따라서 그 심판은 총체적 용서와 만유의 구원이 이루어지는 심판이고, 이 날은 십자가 안에서 의도하셨던 바가 완성되는 날이다.

몰트만은 바르트와 마찬가지로 그리스도의 십자가 속에 만민의 화해와 만민을 구원하고자 하시는 하나님의 의지를 읽었다. 그러나 몰트만은 바르트가 만민의 구원에 대해 명백한 답을 하지 않는 것과는 달리 그리스도의 십자가 속에 나타난 하나님의 의지는 구현될 것으로 희망하고 있는 것이다. 물론 이 하나님의 의지는 기계적으로 이루어지는 운명론적인 것이 아니다. 몰트만에 의하면 인류구원과 만유의 구원은 아직 위험 앞에 있다. 무서운 도전과 시련과 세상 속에 존재하는 악으로 말미암은 수많은 파괴와 비극적 결과의 가능성을 완전히 배제해서는 안 된다고 보고 있다. 몰트만에 의하면 교회의 선포는 만인구원론이 아니고 복음이다. 인류를 구원하고 만유를 구원하는 것은 그리스도시고, 복음이지 다른 어떤 것이 아니다. 몰트만에 의하면 그리스도께서는 아직도 위험한 싸움 속에 계신다. 우리는 그리스도께서 승리하실 것으로 믿고 있지만, 그것은 우리의 믿음이자 희망이지 이미 달성된 어떤 것도 아니고 기계적으로 이루어지도록 규정된 것도 아니다. 그러므로 기계론적이고 운명론적인 만유구원론의 선포가 교회의 선포일 수는 없

---

29) *Ibid.*, 283.

다.

그러나 몰트만은 십자가에 나타난 인류구원과 만유를 회복하겠다는 하나님의 의지는 구현될 것으로 기대하고 있다. 그것이 심각한 시련과 위험 앞에 처하겠지만 그럼에도 불구하고 그것은 구현될 것이다. 이런 까닭에 몰트만의 만유의 구원에 대한 가르침은 희망의 교리이다. 지옥에 남아있는 마지막 한 사람을 위해서도 복음은 전파될 것이다. 만인과 만유를 구원하겠다는 하나님의 의지는 십자가에 나타나 있다. 이 하나님의 의지는 구현될 것으로 나는 희망하고 있다. 이것이 만인구원과 만유의 회복에 대한 몰트만의 믿음이자 희망이다.

7. 만유의 구원

만유의 회복과 구원은 몰트만에 의하면 하나님의 구원사역의 목표이다. 이 만유의 구원에는 일차적으로 모든 인간의 구원이 내포되어 있다. 악한 자들의 악은 심판 받아 없어질 것이다. 죄도 없어지고 하나님이 원치 않는 모든 잘못된 것들은 없어질 것이다. 그러나 악했던 자들은 구원받을 것이다. 마지막 날까지 그들은 악한 자로 존재하지 못할 것이다. 살해당한 사람들도 구원받을 것이지만 그들을 살인한 자들도 구원받을 것이다. 그들의 살인은 용서되고, 그들은 악한 데에서부터 변화된 새 사람들이 되어 있을 것이다. 모든 것을 회복시키고 새롭게 하시는 하나님께서 모든 인간을 구원하고 새롭게 하시는 것이다.

몰트만에 의하면 하나님은 마지막에 만인만 구원하는 것이 아니고 만유를 구원하실 것이다. 전체 피조물과 우주를 구원하고 새 하늘과 새 땅을 창조하는 것이 하나님의 구원 사역의 종국이다. 몰트만은 마지막 날에는 세상이 폐기된다는 루터파의 주장을 긍정적으로 보지 않고 있다. 마지막 날 건설될 세상은 현존하는 세상과 깊은 관련이 있다. 그러나 마지막 날 건설될 세계는 현존하는 세계가 아니라 변화된 세계이다. 몰트만은 마지막 날의 세계는 변화된 세계라고 보는 개혁파 신학을 긍정하고 있지만, 이것에 한 걸음 더 나아가 세상의 신격화를 주장한 동방정교회의 정신에 더욱 긍정성을 표현하고 있다. 마지막 날 전체 피조물과 우주는 하나님의 신성에 참여하게 된다. 이런 의미에서 세상의 신격화를 주장한 동방 정교회의 신학이 옳다는 것이 몰트만의 견해이다.[30]

그런데 몰트만의 신학에서 대단히 특이한 것은 만유를 구원하시는 하나님이 종국적으로 마귀도 구원할 것이라는 사상이다. 하나님이 마귀도 구원할 것이라는 사상은 이미 초대 교회 때 오리게네스(Origenes)에 의해 주장되기도 했지만, 기독교 전통 속에서는 받아들여지지 않던 사상이었다. 몰트만에 의하면 불순종의 천사들까지도 마지막에는 예수 그리스도의 이름 앞에 무릎을 꿇고 예수 그리스도에게 복종하게 된다. 몰트만에 의하면 마귀가 있고 지옥이 있는 한 아직 모든 것이 회복된 것이 아니다. 마지막 날은 끝없는 기쁨의 시작인데, 그 날에는 악한 마귀까지 구원받고 만유가 회복되고 하나님의 영광의 신성에 동참하게 될 것이다.

---

30) *Ibid*., 278.

Ⅲ. 몰트만의 만유구원론에 대한 신학적 평가

만유구원에 대한 몰트만의 가르침은 다양한 반응과 격렬한 지지와 비판을 야기시킬 수 있는 놀라운 가르침이다. 이 몰트만의 만유구원에 대한 가르침을 신학적으로 평가하면 다음과 같다. 먼저, 이 가르침이 갖고 있는 긍정적 측면을 언급하면 다음과 같다.

첫째, 몰트만의 만유구원론은 만유를 위로하는 기쁨의 복음을 종말론적 시각에서 표현하고자 노력한 이론이라는데 가치가 있는 이론이다. 몰트만의 만유구원론에 의하면 그 누구도, 그 무엇도 좌절하거나 절망할 필요가 없다. 믿지 않고 세상을 떠난 아버지 때문에 언제나 고통을 받고 있습니다라고 말하는 신자들이 있다. 아버지 생전에 아버지를 복음에로 인도하는 것은 굉장히 중요하지만, 그 일이 이루어지지 않았다고 해서 몰트만에 의하면 영원히 절망할 필요가 없다. 몰트만의 만유구원론이 정당성을 얻게 되면 위와 같은 문제에 대한 고민은 사라진다. 몰트만의 만유구원론은 영원한 절망을 없게 하고 만유를 희망과 은총의 빛으로 감싸는 데 큰 장점이 있는 이론이다.

둘째, 몰트만의 만유구원론은 믿음 없이 죽은 자들의 구원의 가능성을 종교다원주의자들처럼 예수 그리스도에 대한 믿음 밖에서 찾은 것이 아니고, 철저히 예수 그리스도에 대한 믿음 안에서 찾은 데 중요성이 있고 토론할 가치가 있다. 물론 죽은 자들의 세계에 전파되는 복음의 가능성은 많은 신학적 토론이 필요한 것이지만, 몰트만은 '오직 예수 그리스도', '오직 믿음으로'라는 개신교 신학의 대전제 위에서 믿음 없이 죽은 자들의 구원의 가능성을 찾고 있는 것이다. 몰트만의 만유구원론은 믿음 없이 죽은 자들의 구원의 가능성을 예수 그리스도에 대한 믿음 밖에서 찾은 오늘의 종교다원주의자들의 관점과 다른 신학적 대안을 제시하고 있는 점에 크게 토론할 가치가 있다.

셋째, 몰트만의 만유구원론은 그리스도의 십자가의 죽음의 의미를 매우 심도 있게 전달하고 있다는 데 장점이 있다. 몰트만에 의하면 그리스도의 십자가의 죽음의 깊은 의미는 놀라운 은총이고 만유에 대한 구원의 의지이다. 몰트만은 힌두교나 불교 속에 존재하는 인과응보적 구원관이나 가톨릭의 연옥설 속에 있는 보속적이고 행위를 통한 구원의 가능성에 대해 철저히 비판했다. 몰트만의 만유구원론은 오직 십자가 속에 나타난 은총을 통한 구원의 가능성만 언급하고 있는 점에 있어서 철저히 복음적인 구원론이라 평가할 수 있다. 이 점에 있어서 몰트만의 만유구원론은 타종교의 구원관이나 가톨릭의 구원관과는 크게 구별된다.

넷째, 몰트만의 만유구원론은 바르트의 만인구원의 가능성을 넘어 구원의 영역을 만유로 확대하고 있다는 데 신학적 장점이 있다. 구원의 영역이 만유로 확대된 것은 1980년대부터 발전된 생태학적 신학의 공헌인데 몰트만은 이 생태학적 신학의 신학적 관점을 받아들여 만유구원에 대한 희망의 교리를 확정한 것이다. 몰트만은 모든 피조물과 우주를 구원하는 하나님의 구원의 경륜을 이해하고 있다는 점에 있어서 바르트의 신학을 넘어서고 있다.

그러나 몰트만의 종말론은 위와 같은 장점이 있음에도 불구하고 상당한 신학적 논쟁을 야기시킬 수 있는데, 격렬한 신학적 논쟁이 예견되는 것들을 언급하면 다음과 같다.

첫째, 죽은 자들에게 전파되는 복음의 가능성과 죽은 자들을 위한 기도는 개신교회의 전통과 충돌된다. 죽은 자들에게 전파되는 복음과 죽은 자들을 위한 기도는 초대교회의 가르침이고, 초대교회의 행위인 것임에는 틀림없시만, 오랫동안 개신교회 내에 존재하지 않던 가르침이고 행위이다. 그런 까닭에 이 문제는 개신교회 내에서 격렬한 신학적 논쟁이 예견된다.

둘째, 몰트만의 만유구원론이 성경적인 타당성을 획득할 수 있는가에 대한 논쟁의 가능성이다. 몰트만의 만유구원론이 믿음 없이 죽은 자들에 대한 희망의 교리인 것임에는 틀림없지만, 그것이 참으로 성경적인가라는 문제는 또 다른 문제이다. 에밀 브룬너(E. Brunner)는 "성경은 모든 사람의 구원에 대해 말하고 있지 않고, 오히려 그 반대로 이중적 결과에 대해, 곧 몰락과 저주에 대해 말하고 있다"고[31] 주장했다. 브룬너에 의하면 "그리스도의 말씀은 우리에게 결단을 요구하는 말씀인데, 우리가 믿는 경우에만 구원을 주시는 말씀"이라는 것이다.[32] 브룬너는 "하나님은 그리스도 안에서만 은혜로우신 분이시지, 그리스도 밖에서는 진노하시는 분이시다"고[33] 못 박았다. 게르하르트 에벨링(G. Ebeling) 역시 "성경은 명백하게 천국과 지옥이라는 상징으로 마지막 날의 이중적 결과에 대해 말하고 있다"[34]고 주장했다.

셋째, 몰트만의 만유구원론은 전도의 절박성을 위태롭게 할

---

31) E. Brunner, *Dogmatik I* (Zürich:Theologischer Verlag, 1972), 358.

32) *Ibid.*, 359.

33) *Ibid.*

34) G. Ebeling, *Dogmatik des christlichen Glaubens I* (Tübingen:Mohr, 1979), 527-528.

가능성이 있다는 비판이다. 물론 이 가능성은 몰트만이 의도하고 있는 것은 전혀 아니지만, 만유구원론이 언급되면 이와 같은 부작용의 가능성은 충분히 예견된다.

넷째, 몰트만이 바르트처럼 예수 그리스도의 십자가에서 만인화해의 놀라운 은총을 읽어낸 것은 정당성이 있지만 만인화해론에서 만유구원론으로의 논리의 전개는 아직 많은 문제에 대한 답을 필요로 한다. 가장 중요한 문제는 십자가가 만유를 구원하겠다는 하나님의 의지임에는 분명하지만 동시에 그것은 믿는 자를 구원하겠다는 하나님의 의지이기 때문이다. 몰트만은 하나님의 결단과 인간의 결단 사이의 문제는 결국 하나님이 이기실 것으로 보아야 한다는 신학적 결론을 내렸는데 이는 매우 가치 있는 주장이지만 너무 기계론적 결론이 아닐까라는 비판의 여지가 크게 존재한다. 하나님의 결단과 인간의 결단 사이의 문제에 있어서 하나님의 주도권과 주권을 인정한다 할지라도 여전히 다양한 결과의 가능성을 열어야 하기 때문이다. 만유구원이 가능할까의 문제는 피조물의 자유 때문에 하나님께도 열려진 미래일 수 있다.

결 언

몰트만의 신학은 그리스도의 십자가에 정초하고 있는 그리스도 중심적 신학이다. 몰트만은 그리스도의 십자가에서 만유를 구원하고자 하는 하나님의 은총의 의지를 읽었고, 이 하나님의 의지는 구현될 것으로 믿었다. 그런 까닭에 몰트만은 믿음 없이 죽은 자들도 구원에 이를 것이라는 희망을 피력했다. 몰트만은 이 십자가에 계시된 하나님의 의지를 기초로 성경을 해석했다. 몰트만에 의하면 이 십자가의 빛에서 볼 때 고통과 저주는 하나님의 역사의 마지막이 아니고 "한 단계 이전의 것"이다. 하나님의 역사의 마지막은 죽음도 지옥도 폐기되고 없는 영원한 생명과 기쁨의 나라의 건설이다. "보라 내기 만물을 새롭게 하노라." 이것이 몰트만이 희망하고 기다리는 하나님의 역사의 완성이고, 이 하나님의 역사의 완성의 때에는 지옥에서 고통하는 자는 없을 것이다.

그러나 몰트만이 언급하고 강조한 대로 죽은 자들의 세계에 전파되는 복음에 관한 가르침이나 죽은 자를 위한 기도의 가르침이 초대교회의 가르침인 것은 사실이지만, 만유구원론의 문제는 간단치 않다. 우선 초대교회가 만유구원론을 가르쳤느냐의 문제에 대한 답은 부정적이다. 교부 오리게네스가 만유구원론을 가르치기는 했지만 소수의 견해였고, 초대교회의 중심 흐름은 아니었다. 초대교회는 죽은 자들에게 전파되는 복음에 대해 가르쳤을 뿐이다.

루터의 종교개혁 이후 개신교는 가톨릭의 연옥설의 문제점 및 연옥설과 관련된 수많은 혼란과 타락 때문에 죽은 자들의 세계나 죽음 이후의 변화나 구원의 가능성을 교리에서 삭제했다. 그런 까닭에 믿지 않고 죽은 자들에게 희망이 있는가의 질문은 개신교의 구원론의 체계 안에서는 답을 하는 것은 매우 어렵다. 개신교 입장에서는 초대교회가 가르쳤던 하나의 가설로 평가할 수 있을 것이다. 만유구원론도 마찬가지이다. 만유구원론은 복음의 넓이와 깊이를 표현하는 장엄함을 갖고 있는 이론이지만 개신교의 교리의 틀 안에서는 수용하기에는 많은 어려움이 있다.

그리스도의 십자가의 죽으심은 모든 사람을 살리시기 위한 죽음에는 틀림없다. 그런데 그리스도의 죽으심에서 모든 사람들이 구원받을 것이라고 결론을 내리는 것은 사도들이나 성경의 가르침을 넘어서는 결론으로 보인다. 그리스도의 죽으심에서 만인을 구원하고자 하시는 하나님의 의지가 나타난 것은 분명하다. 하나님의 의지는 관철될 것이기 때문에 몰트만은 만유구원론의 희망을 제시했다. 그런데 십자가에 계시된 하나님의 의지는 만인을 구원하겠다는 의지만 계시된 것이 아니다. 그 의지 안에는 하나님의 은혜를 알고, 믿고, 감사하는 자들을 구원하겠다는 의지가 동시에 나타나 있다. 이 후자의 의지도 매우 중요하다. 몰트만은 이 두 번째 의지를 깊이 생각하지 않은 것으로 보인다. 믿지 않는 자들은 이미 심판 속에 있고 이 심판의 어둠 속에서 빠져나오지 못한다. 십자가에는 하나님의 상상을 초월하는 자비가 계시되어 있다. 이 자비를 알고, 믿는 일은 온 인류에게 주어진 시급하고 매우 중요한 일이다. 십자가에는 만민을 구원하고자 하는 하나님의 의지와 더불어 믿는 자를 구원하고자 하시는 하나님의 의지가 나타나 있다.

제 6 장

오늘의 구원론의 새 지평들에 대한 신학적 토론과 평가

서 언

바울 신학에 대한 새 관점 학파의 계약적 율법주의와 이에 근거한 구원의 확신에 대한 혼란, 죽음 이후의 영혼의 존재와 죽음에서 일어나는 부활에 대한 오늘의 신학적 발견, 만유구원론이 제기한 매우 심각한 구원론의 새로운 관점 등은 기독교 구원론이 매우 쉽지 않고 심각한 토론의 영역에 접어들었다는 것을 나타낸다. 이 구원론의 새로운 지평들은 어디까지 정당한 이론이고, 어디서

부터 오류에 빠진 이론일까? 아니면 어떤 이론이 긍정성을 갖고 토론하고 계속 연구해야 하는 구원론의 새로운 지평일까? 이 복잡한 구원론의 문제와 지평들을 정리하고 평가하면 어떻게 될까? 그리고 앞으로 계속 연구와 토론의 가치가 있는 구원론의 새 지평은 무엇일까?

I. 죽음에서 일어나는 믿는 자들의
부활과 역사의 마지막 날의 부활

그리스도인들은 죽으면 어떻게 될까? 기독교의 전통적인 답은 영혼의 천국행이었다. 이 답은 전적으로 옳은 답이다. 천국에 못 갈 수 있다는 신학 이론들도 있다. 특히 최근에는 바울신학에 대한 새 관점 학파에 속한 신학자들이 행위의 중요성을 강조하면서 구원의 확신을 흔드는 잘못된 주장을 하고 있는데, 이는 잘못이다.[35] 구원은 전적으로 예수 그리스도의 죽으심의 공로로 얻는 것이지, 인간의 선행이 연결되는 어떤 사건은 아니다. "누가 정죄하리요, 죽

---

35) 고린도전서 3장에는 구원과 행위에 대한 바울의 관점을 이해할 수 있는 중요한 예가 있다. 금과 은과 보석으로 지은 집과 나무와 풀과 짚으로 지은 집의 비유이다. 심판 날 불로 태우면 금과 은과 보석으로 지은 집은 그대로 있어서 상을 받고, 나무와 풀과 짚으로 지은 집은 불타 없어진다는 비유이다. 그런데 중요한 것은 나무와 풀과 짚으로 지은 사람들도 구원을 받는다는 말씀이다(고전3:15). 예수 그리스도라는 터전 위에서 성도들은 집을 짓는 사람들이다(고전3:11). 금과 은과 보석 같은 삶을 산 사람들은 상을 받을 것이다(고전3:14). 나무와 풀과 짚과 같은 삶을 산 성도들도 상은 못 받아도 구원은 받는다. 이 바울의 비유는 새 관점 학파의 논지와는 충돌되는 비유이다.

으실 뿐 아니라 다시 살아나신 이는 그리스도 예수시니"(롬8:34). 우리의 구원은 "값없이" 주시는(free gift) 하나님의 은혜이다(롬3:24).

하나님의 심판은 크게 두 가지이다. 하나는 은혜의 심판이고 다른 하나는 정의의 심판이다. 그리스도인들이 받는 심판은 은혜의 심판이다. 이 은혜의 심판은 심판이 날이 감격과 감사의 날이 된다. 심판의 날, 하나님은 우리의 모든 죄악을 그리스도의 피로 씻어 줄 것이다. 그리고 우리가 잘한 것들에 대해서는 칭찬을 하시고 상을 줄 것이다. 개혁교회의 전통적 심판에 대한 교리는 심판의 날이 감격과 감사의 날이라는 것이다.[36] 그리스도인들은 죄가 모두 용서되는 은혜를 경험한다. 그것은 말할 수 없는 감격이고 감사이다. 그러면 이 땅의 선행은 의미가 없는가? 절대로 그렇지 않다.

하나님은 이 땅의 선행을 모두 기억하신다. 우리의 죄악이 우리의 선행을 크게 능가해도 하나님은 우리의 죄악은 용서해주시고, 우리의 선행에 대해서는 상을 주신다. 사실 우리는 상을 받을 가치가 없는 존재일 수 있다. 그러나 하나님은 우리의 작은 선행까지도 정확히 아시고 칭찬하시고 상을 주신다. 그런 까닭에 이 심판의 날은 감격의 날이고 감사의 날이다.

그러나 이 심판에는 정의도 존재한다는 것을 유념해야 한다. 신실하게 하나님을 위해 살다 간 사람과 온갖 악을 행하면서 하나님의 영광을 가린 사람이 같은 평가를 받는 것은 아니다. 이 땅의

---

36) 구원이 오직 은혜이고 심판의 날이 감격과 감사의 날이라는 것에 대해 자세히 알기를 원하는 사람은 다음의 글을 참고하라. 김명용, "오직 은혜로 구원을 얻는가, 행위가 필요한가? 온신학의 구원론", 온신학 vol.6 (서울: 온신학 출판사, 2020), 129-156. 이 글은 본서의 제1장에 실려 있다. 몰트만은 다른 관점에서 마지막 심판의 날은 두려움의 날이 아니고 너무나 "놀라운 것"(Das Wunderbare)을 경험하는 날이라고 언급했다. 몰트만은 만유구원론의 관점에서 마지막 날 심판의 날이 놀라운 기쁨의 날이라고 언급했다. 참고하라. J. Moltmann, *Das Kommen Gottes* (München: Kaiser, 1995), 284.

선행은 매우 가치가 있다. 지혜로운 사람은 선한 일에 힘쓰는 사람
이다. 이 땅의 선한 일이 장래의 영원한 삶과 깊이 관련되어 있기
때문이다. 보물은 하늘에 쌓아야 하고, 보물을 하늘에 쌓는 사람
이 참으로 지혜로운 사람이다.

20세기 후반에 가톨릭 신학자인 그레스하케(G. Greshake)와 로
핑크(G. Lohfink)가 『임박한 종말, 부활, 불멸』(Naherwartung,
Auferstehung, Unsterblichkeit)이라는 책을 출간하면서[37] 죽음
에서 부활이 일어남을 세계에 알렸다. 이어서 크레머(J. Kremer)
와 그레스하케의 『죽은 자의 부활』 Resurrectio Mortuorum)이
라는[38] 엄청난 연구가 바탕이 된 저서가 출간되면서, 죽음에서 천
국으로 가는 영혼의 존재가 육체가 없는 영혼이 아니고 영광스러
운 하늘의 육체(부활체로 추정됨)를 입고 있는 영혼임이 학문적으
로 밝혀졌다. 가톨릭 신학계에 널리 퍼진 이 신학 이론은 개신교에
도 크게 영향을 미치면서 오늘의 개신교 신학의 대표적 신학자인
몰트만(J. Moltmann)도 『나는 영생을 믿습니다』(Auferstanden
in das ewige Leben, 2020)[39]는 최근의 저술에서 죽음에서 부활
이 일어남을 강력하게 주장했다. 몰트만에 의하면 "우리는 우리의
무덤에서 부활하는 것이 아니라, 죽음의 순간에 부활한다". [40] 한

---

37) G. Lohfink/ G Greshake, *Naherwartung Auferstehung Unsterblichkeit* (Freiburg: Herder, 1982).

38) G. Greshake/ J. Kremer, *Resurrectio Mortuorum* (Darmstadt: Wissenschaftliche Buchgesellschaft, 1986).

39) 이 책 제목의 직역은 『부활해서 영원한 생명으로』이다. 몰트만은 오랫동안 부활은 역사의 마지막 날 일어난다는 입장을 고수했는데, 그의 생애 만년에 개인적인 부활은 죽음에서 일어난다는 관점으로 생각을 바꾸었다. 죽은 자들은 영혼으로만 존재하는 것이 아니고 부활한 상태로 존재한다는 말이다.

40) J. Moltmann, Auferstand in das ewige Leben, 이신건역, 『나는 영생을 믿는다』 (서울: 신앙과 지성사, 2020), 64.

국에서는 최태영[41], 정홍렬 등의 중요한 신학자들이 최근의 신학적 변화를 깊이 연구해서 죽음에서 일어나는 부활을 주장했다.

죽음에서 일어나는 부활 이론의 가장 강력한 성경적 근거는 고린도후서 5장 1절에서 4절이다.[42] 이 성서 본문에서 "벗은 자"라는 표현은 몸이 없는 영혼을 의미하는 것으로 보인다. 그리고 "장막"은 우리가 지상에서 입고 있는 육체일 것이다. 사도 바울이 고후 4:17에서 언급한 날로 낡아지는 "겉 사람"도 이 장막일 것이다. 그러면 하늘에서 "덧입는" 것은 무엇일까? 덧입는 것은 이 땅에서 입고 있다가 벗어버린 이 땅의 육체와 대조되는 어떤 육체일 것이다. 땅에 있는 장막 집과 대조되는 하늘에 있는 영원한 집은 하늘에서 입게 되는 하늘의 육체(부활체로 추정됨)로 보는 것이 이 본문에 대한 바른 해석일 것이다.

고린도전서 15장에서 바울은 부활을 논하면서 하늘의 몸(고전 15:40)과 땅의 몸(고전 15:40)을 언급하고 있다. 사람의 몸이 있고, 짐승의 몸이 있고, 새의 몸이 있고, 물고기의 몸이 있듯이 땅의 몸이 있고, 하늘의 몸이 있다는 것이 바울의 강조였다. 이 하늘의 몸은 썩지 않고, 영광스럽고, 강하고, 신령한 몸(spiritual body)이라는 것이다. 바로 이 하늘의 신령한 몸을 고린도전서 15장에서는 주님 오시는 날 입게 될 것임을 강조했고, 고린도후서 5장에서는 죽음에서 입게 될 것임을 강조하고 있는 것이다.

죽음에서 부활이 일어난다면 역사의 마지막 날, 최후의 날에 일어날 부활은 의미가 없는 것인가? 전통적으로 부활은 역사의 마

---

41) 최태영, 『그리스도인은 죽을 때 부활한다』 (대구: 아름다운 사람들, 2000).

42) 다음의 주석을 참고하라. J. Kremer, 2. *Korintherbrief* (Stuttgart: Katholisches Bibelwerk, 1990).

지막 날 일어난다고 교회가 가르쳐왔는데, 그 부활이 죽음에서 일어난다면 마지막 날의 부활은 잘못된 것일까? 아니다! 전통적으로 가르쳐 온 마지막 날의 부활의 교리는 매우 중요하고 계속 강조해야 하는 교리이다. 그레스하케(G. Greshake)는 이 질문에 대해 죽음에서 성도들에게 일어나는 부활은 마지막 날 일어날 부활의 선취(Antizipation)적 사건이라고 바르게 언급했다.[43] 예수님의 부활이 마지막 날 부활의 선취적 사건임과 마찬가지로 성도들은 죽음에서 이 선취적 사건을 경험한다. 천국에서 예수님은 부활의 몸으로 계시는데, 성도들은 몸이 없는 영혼으로만 있다면 너무 이상한 일이 아닌가! 성도들은 그리스도와 함께 죽고 그리스도와 함께 살아나고 함께 천국으로 가는 사람들이기 때문에 부활하신 그리스도의 모습을 본받는 것은 매우 자연스럽다.

마가복음 9장의 변화산 사건은 천국에 있는 모세와 엘리야가 강림한 것으로 보이는데, 변화하신 예수님과 차이가 없다. 마가복음 9장의 변화산 사건의 엘리야와 모세의 모습을 영혼으로만 존재하는 모습으로 상상한다면 너무 어색할 것이다. 그런 까닭에 초기 기독교 문헌들은 한결같이 엘리야와 모세의 모습을 너무나 아름다운 육체를 갖고 있었다고 언급했다.[44]

역사의 마지막 날, 최후의 날이 되면 천국에서 그리스도와 함께 살던 성도들도 그리스도와 함께 이 땅으로 올 것이다. 마지막 날, 최후의 날에는 하늘과 지하(하데스)의 문이 모두 열린다. 부활

---

43) G. Greshake/ G. Lohfink, *Naherwartung Auferstehung Unsterblichkeit*, 181

44) 『애굽 베드로 묵시록』에 의하면 모세와 엘리야는 몸을 갖고 있었고, 그들의 몸의 색깔은 장미꽃처럼 아름다웠다(『애굽 베드로 묵시록』 15장). 『희랍 베드로 묵시록』에 의하면 그들의 몸은 모든 종류의 보다 더욱 희게 빛났고, 그 어떤 장미보다 더 붉었다(『희랍 베드로 묵시록』 3장).

이라는 용어는 지상적 관점에서 언급되는 용어이다. 지상에 살아 있는 사람들의 관점에서 보면 마지막 날이 죽은 자들의 부활의 날이다. 하늘과 땅이 열리면서, 죽은 자의 부활이 일어날 것이다. 그리고 최후의 심판이 있고 새 하늘과 새 땅이 건설될 것이다.

II. 믿지 않고 죽은 자들은 어떻게 될까?

1. 하나님의 정의로운 심판

"한 번 죽는 것은 사람에게 정해진 것이요 그 후에는 심판이 있으리니"(히9:27). 죽음에서 자신의 몸을 떠난 자아(영혼)는 일생의 삶을 가지고 하나님 앞에 선다. 이 때 하나님의 정의로운 심판이 있다. 믿지 않고 죽은 자들은 은혜의 심판의 대상은 아니다. 그들이 은혜의 심판을 받지 못하는 이유는 그들이 은혜의 심판에 관심이 없든지 은혜의 심판을 거부하기 때문이다.[45] 그런 까닭에 그들에게는 하나님의 정의로운 심판이 기다리고 있다. 하나님은 자비하

---

45) 임사체험에서 언급되는 부정적인 체험의 경우, 사후 육체를 빠져나간 영혼이 밝은 빛을 경험한 것이 아니고 어둠을 경험하고, 고통 속에서 괴로워했던 영혼들의 경우는 대개 악한 삶을 살았던 경우가 많다. 그런데 이 악한 자들이 어둠과 고통 속에서 찬송가나 교회의 전도 메시지를 기억하고 예수님을 찾았을 때, 고통에서 벗어나 빛 속으로 이끌림을 받았다는 증언들(Howard Storm의 책 *My Descent into Death* 참고)은 누가복음에서 언급되고 있는 우편 강도가 예수님을 찾았을 때, "오늘 네가 나와 함께 낙원에 있으리라"(눅23:43)라는 은혜의 말씀을 들은 것과 닮은 측면이 많다. 하나님은 자신을 찾는 자에게는 은혜를 베푸신다.

고 은혜로우시기 때문에, 모든 사람을 은혜로 심판하기를 원하신다. 그러나 은혜가 거부되고 있는 곳에는 아무도 억울하지 않는 정의의 심판이 있다.

예수 믿지 않았기 때문에 영원한 형벌을 받는다는 것은 말이 되지 않는 기독교의 독선이 아니냐고 반문하는 사람들이 많다. 태어나서 일주일만 살다가 죽은 아이에게 영원한 형벌이라는 것은 정말 어처구니없는 기독교의 독선적인 주장이 아니냐고 항의하는 사람들도 많다. 선하게 살다가 죽은 사람들도 많은데 그들에게 영원한 형벌이라는 것이 말이 되느냐고 반박한다. 공자도 석가도 영원한 형벌을 받는다는 것은 타 종교에 대한 지독한 불경이 아니냐고 기독교를 향해 심각하게 비판한다. 복음이 전해지지 않은 상태에서 살다가 죽은 사람들이 복음을 듣고 죽은 사람들보다 월등히 많은데 그들이 모두 영원한 형벌을 받는다면, 그것은 그들의 잘못이 아니고 형벌을 주는 신의 잘못이 아니냐고 비판한다. 이 모든 것들은 기독교가 무례한 기독교로 비판받는 이유들이다.

하나님은 매우 공정하시고 정의로운 신이시다. 하나님의 심판에 억울한 심판은 없다. 이 땅에서는 선한 사람으로 가장해도 하나님의 심판대 앞에서는 그것은 불가능하다. 바리새인들과 서기관들을 회칠한 무덤으로 비판한 예수님의 비판을 생각해 보면 하나님의 심판대 앞에서는 인간의 가면이 모두 벗겨질 것이다. 인간이 형벌을 받는다면 그것은 자신의 행위에 대한 대가이다. 부자와 나사로의 비유에서 부자가 음부에서 받는 고통은 자신의 이 땅에서의 삶의 대가이다. 독일 하이델베르크(Heidelberg)의 신약학자 베르거(K. Berger)에 의하면 부자와 나사로의 비유는 하나님의 정의로움에 대한 비유이다.[46] "아브라함이 가로되 얘 너는 살았을 때에 좋은 것을 받았고 나사로는 고난을 받았으니 이것을 기억하라 이제 그는 여기서 위로를 받고 너는 괴로움을 받느니라"(눅 16:25). 부자는 그 많은 재산으로 곤경 속에 있는 사람들에 대한 어떠한 사랑도 베풀지 않았다. 양과 염소의 비유도 마찬가지이다. 헐벗고 배고프고 병들고 옥에 갇힌 사람들에게 행하지 않았던 냉정함과 불의가 형벌의 원인이다. 인간은 선을 행하고 사랑을 베풀어야 한다.

의인은 없나니 하나도 없다는 바울의 말씀은 인간의 죄악의 깊이를 느끼게 한다. 이 땅에 과연 의로운 인간이 있을까? 예수 이름으로만 구원을 받는다는 말은 인간의 가면이 모두 벗겨지면 의로운 자가 없을 것이라는 점과 연결되어 있다. 하나님의 은혜의 심판을 받지 않으면 희망이 없다는 의미이다. 예수 이름으로만 구원을 받는다는 것은 정의로운 심판을 넘어가는 하나님의 자비를 얘기하는 것이지, 선한 사람도 벌주기로 작정했다는 것을 의미하는 것은 아니다. 그것은 결코 정의롭지 않는 독선적인 주장이 아니다. 그런데 의로운 자가 정말 있을까? 예수님께서 나는 의인을 부르러 온 것이 아니고 죄인을 부르러 왔다는 말의 의미를 깊이 유념해야 한다. 의인들에게는 예수님이 필요 없고, 그런 까닭에 은혜의 심판도 필요 없다. 의로운 그들의 의를 드러낼 정의로운 심판이 필요하다. 아무도 억울하지 않은 정의로운 심판이 그들을 기다리고 있을 것이다. 회칠한 무덤 같은 위선적인 인간들이 과연 정의로운 심판 앞에서 자신들이 정의롭다고 판결을 받을 수 있을까?

그러면 이 땅에서 악만 행하고 엄청나게 많은 사람을 죽인 인

---

46) K. Berger, *Ist mit dem Tod alles aus?* (Gütersloh: Gütersloher Verlaghaus, 1999), 185-186.

간과 그래도 의롭게 살기 위해 애쓰고 이웃에게 선을 행하기 위해 노력한 사람이 똑같이 죄인이니까 똑같은 형벌을 받는 것일까? 아닐 것이다. 하나님의 심판은 매우 정의롭다. 차이가 있을 것이다. 태어나서 한 주만에 죽은 아이는 어떻게 되나? 차이가 있을 것이다. 하나님은 죄 없는 자에게 죄를 뒤집어 씌우는 분은 아니다. 하나님은 인생이 겪는 수많은 다양한 상황을 정확히 인식하고 정확하게 판단하신다. 걱정할 필요는 없다. 하나님은 인간의 모든 선행을 기억하시고, 기뻐하고 갚으시는 신이시다.

2. 죽은 자의 세계

성경은 죽은 자들은 죽은 자의 세계로 간다고 언급하고 있다. 구약에서는 주로 스올(seol)이라는 표현으로 죽은 자의 세계를 언급했다. 유대인들은 자신들의 조상들이 죽은 자의 세계에 있다고 생각했다. 야곱도 요셉이 죽었다고 생각했을 때 자신도 죽은 자의 세계로 갈 것임을 언급했다. 스올이 무덤과 일치하는 경우도 있지만, 일반적으로 일치하지 않는다.[47] 스올은 지하에 있는, 죽은 자들이 있는 어떤 곳이다. 그곳은 지하에서 형벌을 받는 곳이라기보다는, 죽은 자들은 누구나 가는 곳이다. 그러나 스올에 대한 이미지는 밝지 않다. 지하에 존재하는 어떤 어둡고 침침한 세계이고, 하나님과 단절된 세계라는 표현이 다수 나타난다.

신약에서는 하데스(hades, 음부)라는 용어가 죽은 자의 세계

---

47) H. Bietenhard, "Hölle", L. Coenen(ed.), *Theologisches Begriffslexikon zum Neuen Testament* (Wuppertal: R. Brockhaus, 1983), 711.

를 표현하는 용어로 마태복음, 누가복음, 사도행전 그리고 요한계시록에 나타난다. 형벌 받는 곳이라는 의미도 있지만, 모든 죽은 자들이 가는 곳이라는 의미도 있다. 예수께서 죽으시고 음부의 세계로 내려가셨다는 것은 모든 죽는 자들은 음부의 세계로 간다는 것과 연결된 것으로 보인다. 벧후3:19의 옥에 있는 영들에게 복음을 전했다는 말씀에 나타나는 이미지는 하데스(음부) 안에 있는 무언가 갇혀 있는 세계를 나타내는 이미지이다. 엡4:9의 그리스도께서 땅 아래 곳으로 내려갔다는 표현은 하데스(음부)의 세계의 깊은 곳으로 내려가심으로 추정된다. 그리스도의 부활은 예수께서 비록 하데스(음부)에 가셨지만, 하데스(음부)에 버려진 상태에 계시지 않음을 의미한다(행2:31).

무저갱(abyssos)이라는 용어도 나타나는데(눅8:31; 계9:1f.), 이 곳은 하데스에 있는 어떤 곳으로 추정되고, 주로 반역한 천사들을 가두어 두는 곳으로의 의미를 갖고 있다. 예수님에 의해 축출된 사단이 무저갱에 들어가지 말게 해달라는 애원(눅8:31)은 무저갱이 살기 힘든 곳으로 추정된다.

스위스 베른(Bern)의 유명한 신약학자 비텐하르트(H. Bietenhard)는 하데스(hades, 음부)와 게헨나(gehenna, 지옥)는 성경에서 구별되는 개념이라고 강조했다.[48] 비텐하르트에 의하면 이 두 개념이 성경에서 구별되는 개념임에도 불구하고 기독교회는 그 차이를 인식하지 못하고 같은 것으로 혼동해서 사용했다고 개탄했다. 단테의 신곡에 나오는 처절한 지옥의 모습은 비텐하르트에 의하면 마지막 날의 심판 때에 경험하는 불타오르는 게헨나(지

---

48) *Ibid*, 710-716.

옥)와 관련되는 것인데, 죽음에서 경험하는 하데스(음부)의 상황과 연결한 것은 잘못이다. 유대 사상에서 부활에 대한 사상이 발전하면서 하데스는 유대인의 세계관에서 부활 때까지의 중간기의 의미를 지니게 되었고 이 세계관이 신약성서에 연속되고 있다고 비텐하르트는 주장했다.[49]

지옥으로 번역된 게헨나는 유대 묵시문학적 세계관 속에 나타나는 개념인데 세상의 종말에 최종적 심판을 받은 자들이 떨어지는 불 구덩이를 의미한다. 힌놈의 골짜기로 알려진 예루살렘 남서쪽의 불이 끊이지 않는 쓰레기 처리장이기도 하고, 시체를 태우는 매장지이기도 하고, 한때 이방 신에게 자식을 태워 제사도 지낸 이 더럽고 불타오르는 장소는(참고하라, 대하 28:3; 33:6), 종말론적 심판의 장소를 상징하는 의미로 예수님에 의해 사용되었고(막9:43), 유대인들에게도 매우 익숙한 개념이었다. 비텐하르트에 의하면 하데스(음부)는 죽음과 세상의 종말 사이의 영혼이 존재하는 중간기의 장소이고, 게헨나(지옥)는 종말론적 심판의 장소이다. 비텐하르트는 서구의 교회가 이 두 개의 개념을 혼돈하면서 심각한 종말론의 혼란이 생겨났다고 주장했다.[50] 핀첸켈러(J. Fizenkeller)에 의하면 "죽음 이후에 바로 경험되는 심판의 장소로서의 지옥불에 대한 언급은 신약성경 어디에도 없다."[51]

---

49) *Ibid*, 711. J. Finkenzeller 역시 성경의 증언에 의하면 하데스(hades)는 최종적 심판이 있기 전의 영혼들이 거주하는 중간상태의 장소라고 언급했다. "하데스가 모든 죽은 자들의 거주 장소이든 아니면 악한 자들의 심판의 장소이든, 이곳은 신약성경에서 불의 지옥과는 구별되는 중간기적 영역이다." J. Finkenzeller, *Was kommt nach dem Tod?* (München: Don Bosco Verlag, 1976), 164.

50) H. Bietenhard, "Hölle", 714–716.

51) J. Finzenkeller, *Was kommt nach dem Tod?*, 165. 핀첸켈러는 가톨릭 신학자로 개신교 신학의 오류를 비판한 것으로 보인다. 반면 비텐하르트는 스위스 개혁교회의 신학자이다.

몰트만(J. Moltmann)에 의하면 죽은 자의 세계에 있는 영혼들에게 복음이 전파된다. "이를 위하여 죽은 자들에게도 복음이 전파되었으니"(벧전 4:6). 몰트만에 의하면 그리스도의 음부(지옥) 여행은[52] 죽은 자들의 세계에 있는 영혼들에게 비취는 은혜의 빛이다. 몰트만에 의히면 죽은 자들도 산 자와 마찬가지로 그리스도와의 은혜의 공동체로 초청된다. "그리스도의 음부(지옥)여행과 죽은 자의 세계로의 떨어지심의 의미는 그리스도께서 죽은 자들과의 연대를 통해서 그들을 향한 구원의 가능성을 인지하시고 그들에게 희망을 가져다주심을 의미한다."[53] 몰트만은 그리스도의 음부(지옥)여행은 "지옥과 죽음이 그리스도 안에서 폐기되었음을 의미한다"[54] 고 주장했다.

몰트만에 의하면 죽은 자들에게 전파되는 복음 및 죽은 자들에 대한 기도에 대한 사상은 초대교회에는 널리 존재했다. 종교개혁자들이 가톨릭의 연옥사상을 비판한 것은 옳은 일이었으나,[55] 연옥에 대한 비판이 죽은 자에게 전파되는 복음에 대한 사상까지

---

52) 한국 교회가 쓰는 사도신경에 원문에 있는 음부로 내려가사가 삭제된 이유에 대해서는 다음의 연구를 참고하라. 김철수, 『그리스도의 음부여행』(서울: 한들, 2004), 111-142 김철수는 음부에 내려가사에 대한 한국 신학자들의 해석을 소개하고 있는데 가치가 있다. 특히 김광식이 몰트만과 유사한 해석을 했다는 것도 매우 흥미롭다. 위의 책, 97-103.

53) J. Moltmann, *Das Kommen Gottes*, 126. 몰트만은 음부와 지옥을 구별하지 않고 모두 지옥(Hölle)으로 표현하고 있다. 음부 여행으로 번역한 것은 사도신경의 의미가 음부에 내려가심이기 때문에 음부여행으로 번역한 것이다. 몰트만의 의미로는 지옥 여행이다.

54) *Ibid*., 281.

55) 유명한 가톨릭 신학자 그레스하케는 "성경에는 연옥에 대해 직접적으로 말하는 구절이 하나도 없다"고 언급하면서 연옥설은 재해석되어야 한다고 주장했다. G. Greshake, *Stärker als Tod*, 심상태 역, 『종말신앙』(서울: 성바오로출판사, 1980), 129.

잘라낸 것은 몰트만에 의하면 잘못이다. 몰트만은 죽은 자의 세계를 그리스도의 은총의 빛으로 둘러싸는 종말론을 발전시켰다.[56] 몰트만에 의하면 태어나자마자 죽은 아이는 죽은 자의 세계에서 자신의 삶을 이어나갈 것이다. 죽은 자의 세계에 지옥의 고통이 있을 수 있다. 그러나 그것이 모두는 아니다. 그리스도의 은총의 빛이 죽은 자의 세계를 비취고 있다. 그곳에서도 산 자의 세계와 마찬가지로, 그리스도를 향한 믿음의 결단이 가능하고 그리스도의 은혜 가운데 살 가능성이 있다. 죽음이 그리스도의 은혜가 전달되는 "제한일 수 없다."(keine Grenze).[57]

비텐하흐트에 의하면 하데스(음부)에서의 중간기는 모든 것이 결정된 최후의 상태는 아니다. 비텐하르트 역시 몰트만과 마찬가지로 죽은 자의 세계를 그리스도의 구원 사역의 빛이 감싸고 있음을 언급했다. "그리스도의 구원 사역은 죽은 자의 세계를 감싸고 있다. 죽은 자의 세계를 그리스도 은총의 사역에서 떼놓을 수 없다."[58] 우리는 여기에서 마16:18의 "음부의 권세가 이기지 못하리라"에서의 "권세"(pule)라고 번역된 단어의 원래 의미를 살펴볼 필요가 있다. 이 단어의 원래의 의미는 권세가 아니고 성문이다. 즉, 하데스(음부)의 성문을 그리스도에 대한 신앙고백이 부수고, 이 신앙고백 위에 있는 교회가 부순다는 의미이다(비텐하르트의 관점).

비텐하르트에 의하면 최후의 심판 때, 하데스의 문이 열리고 하데스가 죽은 자들을 내어놓을 때, 영원히 변할 수 없는 종말론

---

56) 죽은 자의 세계를 그리스도의 은총으로 둘러싸는 몰트만의 종말론은 임사체험자들이 일반적으로 증언하는 죽음 이후에 만나는 사람들로부터 경험하는 사랑의 경험이나 받아들여졌다는 경험이나 용서받고 있다는 경험 등과 공명하는 측면이 있다.

57) J. Moltmann, *Das Kommen Gottes*, 281.

58) H. Bietenhard, "Hölle", 712.

적인 심판이 이루어진다는 것이 성경의 정신이다. 이와같은 비텐하르트의 주장은 죽은 자의 세계가 종말론적 미래를 향해 열려 있는 세계라는 점에서 몰트만의 주장과 많은 부분 공명하고 있다. 비텐하르트와 몰트만은 모두 죽은 자들의 세계가 마지막 단계가 아닌 중간기적 성격을 지니고 있음을 강조하고 있고, 그리스도의 은총을 향한 결단의 가능성이 있음을 언급하고 있다.

성경에서 예수님이 부활하심으로 산 자와 죽은 자의 주가 되셨다(롬14:9)는 말씀은 예수님의 주되심이 이 땅에서뿐만 아니라 하데스(음부)의 세계에 있는 자들에게도 주님이 될 수 있다는 의미로 비텐하르트와 몰트만은 해석하고 있다. 예수님이 마지막 날 산 자와 죽은 자를 심판하신다는 의미도 마지막 날 하데스의 문이 열리고 이 땅 위에 있는 자들과 죽은 자의 세계에 살고 있는 자들 모두에게 최후의 심판이 있다는 의미이다. 비텐하르트에 의하면 마지막 날 하데스는 죽은 자들을 내어놓고, 하데스에 있는 자들이 최후의 심판대 앞에 서게 된다. 그리고 심판의 날에 하데스와 죽음이 영원한 불, 곧 게헨나에 태워질 것이다. "바다가 그 가운데 죽은 자들을 내어주고 또 사망과 음부도 그 가운데서 죽은 자들을 내어주매 각 사람이 자기의 행위대로 심판을 받고 사망과 음부도 불못에 던지우니 이것은 둘째 사망 곧 불못이라" (계20:13-14). 비텐하르트에 의하면 하데스(음부)는 죽은 자의 영혼이 마지막 날 최후의 심판 날까지 잠정적으로 존재하는 장소이다. 최후의 심판이 이루어지면 하데스(음부)도 믿지 않는 자들도 모두 영원한 불인 게헨나(지옥)로 떨어지고 불태워질 것이다.

Ⅲ. 만인의 구원은 가능할까?

만인화해론(Allversöhnungslehre)은 바르트(K. Barth)가
『교회교의학』(*Kirchliche Dogmatik*) 예정론(*Kirchliche Dogmatik* II/2)과 화해론(*Kirchliche Dogmatik* IV/1)을 출간
하면서 세계 신학계의 가장 심각한 논쟁으로 등장한 이론이다. 바
르트는 영원 전에 하나님이 예수 그리스도 안에서 만인을 예정했
다고 주장했고, 또 예수님의 십자가의 죽음은 만인을 구원하기 위
한 죽음이라고 밝혔다. 바르트에 의하면 만인은 예정되어 있고, 만
인의 죄는 용서되어 있고, 만인은 하나님과 화해되어 있다.

바르트가 만인이 예정되었고, 만인의 죄가 그리스도의 죽으심
으로 객관적으로 용서되었다고 주장했지만, 바르트는 만인이 화해
되어 있다고 강조한 곳, 즉 만인화해론에서 멈추었다. 바르트는 만
인의 구원에 대해서는 언급하지 않았다.[59] 바르트는 만인의 구원
을 희망의 교리로 남겨두었다. 바르트에 의하면 구원은 인간의 주
관적인 응답, 곧 예수님을 믿는 것과 연결되어 있다. 바르트에 의하
면 화해와 구원 사이의 시간이 선교의 시간이고 교회의 시간이고
성령의 시간이다.

몰트만은 바르트의 관점을 더욱 발전시켜 만유구원론의[60] 가
능성을 세계에 알렸다. 1995년 대단히 논쟁이 되는 저술『오시는

---

59) 바르트가 언급한 만인구원론(Allerlösungslehre)과 만인화해론(Allversöhnungslehre)
의 차이를 알기 위해서는 다음의 책을 참고하라. 김명용, 『칼 바르트의 신학』(서울: 이
레서원, 2007), 229-236.

60) 만인구원론이 아니고 만유구원론인 이유는 몰트만이 구원의 범위를 인간을 넘어 만
유로 확장했기 때문이다.

하나님』(*Das Kommen Gottes*)을 출간하면서 만유의 구원이 최종적 답이라고 주장했다. 이 결론을 위하여 몰트만은 성경이 언급하고 있는 영원한 형벌에서의 영원이라는 개념은 끝없이 계속되는 긴 시간이라는 의미이지 추상적 철학적 의미에서의 영원은 아니라고 주장했다. "희랍어인 아이오니오스(aionios)와 히브리어인 올람(olam)은 긴 시간 곧, 어떤 한계가 없는 시간을 의미하는 단어이지, 희랍의 형이상학이 언급하는 시간이 없는 절대적 의미에서의 영원은 아니다."[61] 그리고 죽은 자의 세계에 복음이 전파되고 있고, 예수 그리스도의 십자가에 나타난 만유를 구원하고자 하는 하나님의 의지는 궁극적으로 실천될 것이라고 주장했다. 인간이 끝없이 하나님의 은혜에 반역할 수는 있어도 궁극적으로는 하나님의 은혜가 승리할 것이라는 점이 몰트만의 관점이었다.[62]

　　그러나 몰트만의 만유구원론은 성경적 타당성을 얻기가 쉽지 않아 보인다. 왜냐하면 성서 안에는 이중적 심판에 관한 언급이 거의 압도적이기 때문이다. 몰트만이 하나님의 은혜를 죽은 자의 세계에까지 넓힌 것은 긍정적으로 평가될 가능성이 있지만, 그 은혜가 만유구원으로 귀결될 가능성에 대한 성경적 언급은 없다. 몰트만이 요한복음 3장 16절의 하나님이 세상을 사랑하셨다는 말씀에서 세상은 믿는 자뿐만 아라 모든 존재 전체를 의미하는 것이라고 주장하면서 만유구원의 성경적 근거로 언급하고 있지만[63] 이 구절

---

61) J. Moltmann, Das Kommen Gottes, 269.

62) "하나님의 사랑에 대항해서 인간은 결코 자신의 불신앙을 영원히 관철할 수는 없다" J. Moltmann, *Das Kommen Gottes*, 276. 만인(유)구원이 최종적인 답이라는 주장은 초대교회의 오리겐(Origen), 자유주의 신학자 슐라이어마허(F. Schleiermacher), 영국 성공회의 로빈슨(J. A. T. Robinson) 감독 등이 주장했다.

63) *Ibid.*, 273.

은 믿는 자를 구원하시기로 작정하셨다는 그 다음의 말씀에 무게 중심이 있는 본문으로, 만유구원의 근거로 해석하는 것은 무리이다. 몰트만이 성경적 근거로 언급하는 만유의 회복이나 만유가 예수님의 이름 앞에 무릎을 꿇는다는 표현은 모두 하나님을 대적하던 적대 세력들이 마침내 붕괴되고 심판받고, 그리스도의 승리를 나타내는 표현으로 이해해야지, 적대 세력을 구원하는 표현으로 해석하는 것은 본문의 뜻을 넘어가는 오류이다. 이 오류 때문에 몰트만이 마귀의 구원까지 언급하는 오류를 범한 것으로 보인다.

몰트만은 예수 그리스도의 십자가에서 만유를 구원하고자 하는 의지를 읽었고, 이 의지는 실천될 것이라고 강하게 주장했는데, 물론 예수 그리스도의 십자가는 만유를 구원하고자 하는 의지가 계시된 것은 맞지만, 십자가에 계시된 하나님의 의지는 크게 두 가지이다. 하나는 만인을 구원하고자 하는 의지이고, 또 하나는 믿는 자를 구원하고자 하는 의지이다. 십자가는 믿지 않는 자들까지 구원하겠다는 의지가 아니고, 예수님의 은혜에 감격하는 믿는 자들을 구원하고자 하는 하나님의 의지가 계시된 곳이다. 이 십자가 계시의 이면은 믿지 않는 자들은 멸망할 수밖에 없다는 심각한 내용을 포함하고 있다.

우리가 만인이 구원되기를 희망할 수는 있지만, 그리고 이 희망을 갖고 그리스도의 복음을 온 힘을 다해 전해야 하지만, 우리가 답할 수 있는 단 하나의 답은 그리스도를 믿지 않는 자들은 궁극적으로 멸망할 수밖에 없다는 사실이다. 그러나 몰트만이 언급한 죽은 자들의 세계를 그리스도의 은총의 빛 속에서 생각하고, 죽은 자들에게 전파되는 복음에 대한 주장은 개신교 교리의 범위를 넘어가는 주장이지만, 앞으로의 신학적 토론을 위한 대단히 중요한 주장으로 보인다. 죽은 자들에게 전파되는 복음에 대한 시야가 없으면 복음이 전파되지 않았던 시절에 살았던 사람들을 모두 남김없이 지옥에 집어 넣어야 하는, 일반인들이 볼 때 전혀 납득할 수 없는 주장을 교회가 계속할 수밖에 없기 때문이다. 그리고 이 납득할 수 없음 때문에 복음 전파에 심각한 상애가 존재하고, 종교다원주의가 왕성하게 자랄 수 있는 토양이 마련되기 때문이다. 예수 그리스도 밖에는 구원이 없다는 복음적 신학의 토대를 참으로 튼튼하게 하기 위해서도 죽은 자들에게 전파되는 복음에 대한 사상은 가슴을 열고 토론해 보는 것이 좋을 듯하다.

결 언

죽음 이후에는 어떻게 될까? 이 질문에 대한 답은 영혼이라고 표현할 수 있는 나라는 자아가 육체를 떠나 하나님 앞에 서게 된다는 것이다. 모든 사람은 하나님 앞에서 자신의 일생을 가지고 심판 받아야 한다. 하나님의 심판은 크게 둘로 나눌 수 있다. 하나는 은혜의 심판이고 하나는 정의의 심판이다. 성도들은 은혜의 심판을 받는다. 은혜의 심판은 감격이고 감사이다. 은혜의 심판의 특징은 죄악은 용서되고 선행은 상을 받는 것이다. 반면 그리스도 밖에 있는 사람들은 정당한 심판을 받게 된다. 이것이 정의의 심판이다. 누구에게도 억울하지 않은 바른 심판이 있을 것이다.

성도들은 죽음에서 천국에 이른다. 성도들은 천국에서 살 것이다. 그런데 천국에서 사는 성도들의 영혼은 하늘의 영광스런 하늘의 몸(부활체로 추정)을 입게 될 것이다. 성도들은 천국에서 부활하신 그리스도와 닮은 모습으로 영광스럽게 살 것이다.

그리스도 밖에 있는 사람들은 죽음 이후에 죽은 자의 세계(하데스)로 갈 것이다. 성경이 하데스(음부)와 게헨나(지옥)를 구별하고 있다는 비텐하르트의 주장은 중요한 토론의 주제가 된다. 왜냐하면 개신교 신학이 지금까지 이 둘을 구별하지 않고 많이 사용했기 때문이다. 죽은 자의 세계를 그리스도의 은혜의 빛으로 감싸고 복음을 받아들일 수 있는 가능성을 열고 있는 몰트만의 주장도 신중한 토론의 가치가 있다. 이 두 주장은 서로 연결되는 주장인데, 개신교 신학의 제한성을 넘어설 수 있다면, 토론의 가치가 있다.

비텐하르트와 몰트만의 주장은 예수 이름으로만 구원받는 것에 대한, 일반인의 무례한 기독교의 독선적 주장이라는 비판에 대해, 개신교 신학이 답할 수 없었던 영역에 합리적 답을 할 수 있는 새로운 토론의 장을 열었다는 점에서 장점이 있다. 예수 이름으로만 구원받는다는 복음은 예수 이름을 듣지도 못하고 죽은 너무나 많은 사람들에 대한 절망을 동반하기 때문에 새로운 신학적 틀과 토론이 필요하다. 예수 이름으로만 구원받는다는 것은 지극히 독선적인 주장이라고 비판하는 종교다원주의의 공격에 대해, 성경과 초대교회에 존재했던 신학 정신을 근거로 합리적으로 답할 수 있는 가능성을 열고 있다는 점에서, 비텐하르트와 몰트만의 주장은 세계의 개신교 신학이 가슴을 열고 토론할 가치가 있다.[64]

세상의 마지막 날에는 하늘과 하데스가 열리고 죽은 자의 부활이 있을 것이다. 천국에 있는 성도들은 그리스도와 함께 세상으

---

64) 반론을 제기할 수도 있다. 죽은 자들의 세계에 어떤 가능성을 여는 것은 이 땅에서의 복음 전파의 시급성을 해친다는 관점이다. 다른 반론들(베드로전서 3장과 4장에 대한 다른 해석)도 있을 수 있다. 참고하라. 김철수 『그리스도의 음부 여행』 (서울: 한들출판사, 2004), 43-109. 다양한 관점이 있는 까닭에 깊은 토론이 필요하다.

로 올 것이다(골3:4). 이때 최후의 심판이 있을 것이고 하데스는 불타 없어지고 온 세상은 새롭게 변모되어 새 하늘과 새 땅이 등장할 것이다. 그런데 그날에 만인이 구원받을 것이라는 만인구원론은 희망의 교리로는 가능하지만, 그렇게 된다고 말하는 것은 성경의 정신을 넘어가는 것이다. 우리가 오늘 여기에서 언급할 수 있는 단 하나의 메시지는 예수 그리스도 밖에는 구원이 없고, 예수 그리스도를 통해서 모든 사람들에게 어마어마한 기쁨의 세계가 열렸다는 것이다. 예수 그리스도를 통해 사망과 흑암의 권세는 무너졌고, 영생과 엄청난 평강과 구원의 기쁨이 모든 사람들에게 열려 있다는 것이다.